Jürgen Manemann
Kritik des Anthropozäns

AF566521

X T E X T E

X T E X T E
zu Kultur und Gesellschaft

Das vermeintliche »Ende der Geschichte« hat sich längst vielmehr als ein Ende der Gewissheiten entpuppt. Mehr denn je stellt sich nicht nur die Frage nach der jeweiligen »Generation X«. Jenseits solcher populären Figuren ist auch die Wissenschaft gefordert, ihren Beitrag zu einer anspruchsvollen Zeitdiagnose zu leisten.
Die Reihe X-TEXTE widmet sich dieser Aufgabe und bietet ein Forum für ein Denken »für und wider die Zeit«. Die hier versammelten Essays dechiffrieren unsere Gegenwart jenseits vereinfachender Formeln und Orakel. Sie verbinden sensible Beobachtungen mit scharfer Analyse und präsentieren beides in einer angenehm lesbaren Form.

Jürgen Manemann (Prof. Dr.) ist Direktor des Forschungsinstituts für Philosophie Hannover. Seine Arbeitsschwerpunkte sind Fragen der Umweltphilosophie, neue Demokratie- und Politiktheorien, die Verhältnisbestimmung von Religion und Politik sowie Wirtschaftsanthropologie.

Jürgen Manemann

Kritik des Anthropozäns

Plädoyer für eine neue Humanökologie

[transcript]

Für Thilo

Bibliografische Information der Deutschen Nationalbibliothek
Die Deutsche Nationalbibliothek verzeichnet diese Publikation in der Deutschen Nationalbibliografie; detaillierte bibliografische Daten sind im Internet über http://dnb.d-nb.de abrufbar.

© 2014 transcript Verlag, Bielefeld
transcript Verlag | Hermannstraße 26 | D-33602 Bielefeld | live@transcript-verlag.de

Die Verwertung der Texte und Bilder ist ohne Zustimmung des Verlages urheberrechtswidrig und strafbar. Das gilt auch für Vervielfältigungen, Übersetzungen, Mikroverfilmungen und für die Verarbeitung mit elektronischen Systemen.

Umschlaggestaltung: Kordula Röckenhaus, Bielefeld
Satz: Justine Haida, Bielefeld
Druck: CPI – Clausen & Bosse, Leck
Print-ISBN 978-3-8376-2773-2
PDF-ISBN 978-3-8394-2773-6

Gedruckt auf alterungsbeständigem Papier mit chlorfrei gebleichtem Zellstoff.
Besuchen Sie uns im Internet: *http://www.transcript-verlag.de*
Bitte fordern Sie unser Gesamtverzeichnis und andere Broschüren an unter: *info@transcript-verlag.de*

Inhalt

Vorwort

> »Es gibt Zeiten,
> da ist ein leidenschaftliches Plädoyer
> mehr wert als alle Konzepte,
> mögen sie noch so ausgereift und
> Eventualitäten berücksichtigend sein.
> Im Film würde man die Klappe fallen lassen
> und ›action‹ brüllen.« (ADRIENNE GOEHLER)

»Willkommen im Anthropozän« – so titelte der *Economist* 2011 und stieß damit eine neue klimapolitische Debatte über den Menschen und das neue Erdzeitalter der »Menschenzeit« an. Mittlerweile geistert dieser Begriff nicht nur durch die Gazetten, sondern auch durch Wissenschaft, Politik und Kultur. Was verbirgt sich hinter diesem Begriff, wo kommt er her? Der Essay führt nicht nur in die Debatte ein und zeigt die Gefahren der Theorie des Anthropozäns auf. Er bietet auch eine Alternative, indem der Weg zu einer neuen Humanökologie geebnet wird. An der Zeit ist nicht eine neue Hominisierung der Welt, sondern eine tiefere Humanisierung des Menschen.

Mein Dank gilt Ryôsuke Ohashi, der es mir ermöglicht hat, meine Ideen zur Humanökologie erstmalig am Deutsch-Japanischen Kulturinstitut in Kyoto vorzustellen und diskutieren zu lassen. Zu Dank verpflichtet bin ich auch Anna Maria Hauk für die Hilfe bei der Korrektur des Manuskriptes und nicht zuletzt dem *transcript Verlag* für die Unterstützung dieses Projekts.

Hannover, im September 2014
Jürgen Manemann

I. Menschenflucht und Menschwerdung

Das Untier Mensch

»Die Apokalypse steht ins Haus. Wir Untiere wissen es längst, und wir wissen es alle.« So beginnen die *Konturen einer Philosophie der Menschenflucht*, die der Philosoph Ulrich Horstmann im Jahre 1983 unter dem Titel *Das Untier* vorstellte. Für Horstmann war es damals offensichtlich: Die Geschichte, die der Mensch »Weltgeschichte« nennt, sei nichts anderes als eine negative Fortschrittsgeschichte, die letztlich nur von *einer* Hoffnung getragen werde: der Hoffnung auf die Katastrophe, auf den Untergang, auf das Auslöschen der Spuren. Es gebe so etwas wie »eine heimliche Übereinkunft, ein unausgesprochenes großes Einverständnis: daß wir ein Ende machen müssen mit uns und unseresgleichen, so bald und so gründlich wie möglich – ohne Pardon, ohne Skrupel und ohne Überlebende.«[1] Es komme jetzt darauf an, das Ende des Menschen zu denken und nicht, wie im vergeblichen Versprechen des Humanismus, den Menschen zu Ende zu denken.

Aber können wir Menschen uns vom Humanen freimachen? Ja, so Horstmann, wenn wir eine, wie er es nennt, *anthropofugale* Perspektive einnähmen, das heißt, wenn wir Welt und Mensch aus dem Blickwinkel einer spekulativen Menschenflucht betrachteten. Diese Perspektive setze allerdings ein »Auf-Distanz-Gehen des Untiers zu sich selbst und seiner Geschichte, ein unparteiisches Zusehen, ein Aussetzen des scheinbar universalen Sympathiegebotes mit der

1 | U. Horstmann, Das Untier. Konturen einer Philosophie der Menschenflucht, Frankfurt a.M. 1985, 7.

Gattung, der der Nachdenkende selbst angehört, ein Kappen der affektiven Bindungen«[2] voraus.

Formuliert wurde die Philosophie der Menschenflucht zunächst angesichts einer ins Unermessliche sich steigernden atomaren Aufrüstung, später bezog Horstmann auch die drohende ökologische Katastrophe mit ein. Horstmann wusste natürlich, dass er nicht der erste Katastrophendenker war. Bereits vor ihm hatte der Technikphilosoph Günther Anders die Apokalypse-Blindheit der Menschen kritisiert. Aber im Unterschied zu ihm habe der »Erzhumanist« Anders letztlich immer noch an das humane Potenzial zur Selbsttransformation geglaubt:

»Angesichts der unerhörten Anstrengungen unserer Ahnen, die die Mittel und Instrumente ersinnen, um uns selbst und unsere Umwelt dem Fluch zu entziehen, der uns an das Dasein kettet, angesichts der Tatsache, daß aufgrund des Fleißes und der Opferbereitschaft unzähliger Geschlechter die Eskalationsleiter, die aus der Senkgrube der Schöpfung in die Freiheit des Anorganischen führt, für die Letztgeborenen endlich zur Rolltreppe geworden ist, die sie dem Scheitelpunkt jetzt ohne eigenes Zutun entgegenträgt, muß uns der Aberwitz eines Anders beschämen, der – obgleich er den Mechanismus unseres Fortschritts durchschaut – nichts Besseres zu tun weiß, als ihn zu verketzern, als sich umzuwenden und seine Mitreisenden dazu zu ermuntern, gegen die Bewegungsrichtung der Treppe die Stufen wieder hinabzusteigen.«[3]

Ein anderer Denker, der zwar auch die Apokalypse nahen sah, sich aber nicht als Katastrophendenker verstand, sondern nach alternativen Lebensweisen Ausschau hielt, der Zukunftsforscher Robert Jungk, widersprach dieser Philosophie der Menschenflucht aufs Heftigste. In einem berühmten TV-Gespräch warf er Horstmann vor, dass sein Buch noch schlimmer sei als *Mein Kampf*, denn in *Mein Kampf* würde nur ein Teil des menschlichen Lebens als un-

2 | Ebd., 8.

3 | Ebd., 111/112.

wertes Leben betrachtet, während Horstmann alles menschliche Leben zu unwertem Leben erkläre. Jungk konzedierte in dem Gespräch mit Horstmann sehr wohl, dass der Mensch eine teuflische Seite habe, aber man müsse sich davor hüten, das Teuflische im Menschen zum beherrschenden Prinzip zu machen. Horstmann parierte, indem er sein philosophisches Bemühen als einen Exorzismus des guten Gewissens interpretierte, das auch Jungk antreibe, das aber immer wieder unwillentlich eine Zuliefererfunktion des Schlechten übernehme, da es einem Fortschrittskonzept aufsitze, das es doch gerade zu bekämpfen gelte. An der Zeit sei, so Horstmann, ein letztes Experiment: ein Moratorium. Wir sollten unsere Hände in den Schoß legen und uns in Andacht üben.[4]

Die Philosophie der Menschenflucht hat ihre Aktualität keineswegs eingebüßt, wie nicht nur die Wiederauflage des Buches im Jahr 2005 zeigt; ihr kommt gerade in heutiger Zeit eine neue Relevanz zu, in der sich mehr und mehr die Ansicht durchsetzt, dass der Mensch der Feind der Erde sei. Die neue Philosophie der Menschenflucht kommt allerdings gegenwärtig im Gewande der Menschrettung daher. Ihr Name ist Programm: Anthropozän. Dieser Name steht nicht nur für das neue Erdzeitalter der Menschenzeit. Er enthält auch einen Imperativ: Menschenzeit soll sein!

Werde Mensch!

Wer sich ein Bild von der gegenwärtigen Situation machen will, in der die Erde vom Menschen bedroht wird, der ist gut beraten, sich cineastischen Zukunftsbildern zuzuwenden. In gewisser Weise haben Filme die Aufgabe der Prophetie übernommen. Künstler sind vielleicht heutzutage die eigentlichen Propheten. Prophetie hat jedoch nichts mit Wahrsagerei zu tun. Diesen Unterschied kann man nicht häufig genug betonen. Wahrsager sagen bekanntlich die

4 | Vgl. Ulrich Horstmann im Gespräch mit Robert Jungk/Moderation Franz Kreuzer, Reihe »Disputationes«, ORF 30.01.1991.

(vermeintliche) Zukunft voraus. Propheten haben an Wahrsagerei kein Interesse. Sie treffen mit der Aussage über die Zukunft eine Aussage über die Gegenwart. Und dieser kommt die Funktion zu, zum gegenwartsverändernden Handeln zu motivieren. Das Bild der Zukunft ist nur auf den ersten Blick ein Bild der Zukunft. Im eigentlichen Sinne ist es ein Bild der Gegenwart. Und dieses Bild soll, so die Absicht vieler prophetischer Zukunftsfilme, uns dazu herausfordern, umzukehren, um dem prognostizierten Schicksal doch noch zu entgehen.

»Kehrt um!« so lautet auch die Hintergrundbotschaft des Blockbusters *Der Tag, an dem die Erde stillstand* aus dem Jahr 2008. Der Film handelt davon, dass der Mensch zum Feind der Erde geworden ist. Die Erde ist dem Menschen ausgeliefert. Im Film sind es Vertreter außerirdischer Kulturen, die die Erde vor den Menschen retten wollen. Die einzige Lösung zur Rettung der Erde sehen sie in der Vernichtung der Menschen. Erst im letzten Moment werden sie jedoch gewahr, dass die Menschen fähig sind, sich radikal zu ändern, und so lassen sie von ihrem Plan der Zerstörung der Menschheit ab.

Solche Visionen sind nicht völlig neu. Im Gegenteil. Sie sind inspiriert durch Ideen, die den kulturellen Gedächtnissen eingepflanzt sind. Auch Ulrich Horstmann sieht seine Philosophie der Menschenflucht nicht als etwas völlig Neues an. Er stellt Verbindungen her zum mythisch-religiösen Bewusstsein, beispielsweise zu alten Schöpfungsmythen, in denen seine Philosophie schon angelegt sei. Diese, so Horstmann, enthielten bereits ein anthropofugales Bewusstsein, da sie die Erkenntnis vermittelten, dass der Mensch aus der Schöpfung herausgefallen sei. Aber Horstmann erzählt nur die halbe Geschichte dieser Mythen. Denn in vielen dieser Traditionen wird auch davon erzählt, dass Menschen der Gefahr kollektiver Vernichtung durch eine radikale Selbsttransformation entgangen sind. Man denke nur an die Geschichte des Propheten Jona im Alten Testament. Jona verkündet der Stadt Ninive die Zerstörung aufgrund der Bosheit ihrer Bewohner. Ausgelöst wird diese Prophetie weder durch ein besonderes Wissen, über das Jona verfügt, noch durch die eigene Verzweiflung, auch nicht durch eigenen Zorn über das Verhalten der Bewohner. Jona hat gar keinen Bezug zu der Stadt. Die Ansage der Vernichtung geschieht im Auftrag eines Dritten, eines »Außerirdischen«, nämlich Gottes, der die Vernichtung beabsichtigt und Jona als deren Verkünder schickt. Für die Bewohner von Ninive, soviel steht in der Erzählung zunächst fest, gibt es kein Entkommen. Aber dann geschieht das Unerwartete: Ninive wird nicht zerstört. Wider Erwarten kehren die Bewohner um. Angesichts der Erkenntnis, dass Menschen sich ändern können und wollen, nimmt Gott völlig unerwartet von seinem Plan Abstand – zum Bedauern des Propheten Jona, der nun als falscher Prophet dasteht.

Sowohl der Film als auch die biblische Geschichte von Ninive vermitteln eine Philosophie der Menschwerdung, die auf der Erkenntnis beruht, dass der Mensch, wenn er sich selbst ändert, sogar das Unmögliche möglich zu machen und sein unabdingbares Schicksal abzuwenden vermag. Diese Erkenntnis ist grundlegend für eine Philosophie der Menschwerdung, die die fortschreitende Hominisierung der Welt, die Aneignung der Welt durch den Menschen für eigene Zwecke, durch eine Humanisierung des Menschen durchbrechen will.

So gesehen, stehen sich heute eine Philosophie der Menschenflucht und eine Philosophie der Menschwerdung gegenüber. Beide setzen voraus, dass der Mensch zur primären gestalterischen Kraft auf Erden avanciert ist. Der Konflikt beider Philosophien erreicht gegenwärtig, im sogenannten Zeitalter des Anthropozäns, seinen Höhepunkt.

II. Willkommen im Anthropozän

»Willkommen im Anthropozän« – so titelte die Zeitschrift »The Economist« am 26. Mai 2011. Was verbirgt sich hinter diesem Begriff, wo kommt er her? Wenn auch der Begriff nicht allein auf ihn zurückgeht, und wenn auch der Kerngedanke bereits im 19. Jahrhundert erstmalig von einem italienischen Geologen geäußert worden war, so entfaltete der Begriff doch erst seine Dynamik, als der Nobelpreisträger für Chemie und ehemalige Direktor des Max-Planck-Instituts für Chemie in Mainz, Paul J. Crutzen, im Jahre 2002 seinen Aufsatz *Die Geologie der Menschheit* in der Zeitschrift *Nature* veröffentlichte.[1] Crutzen diagnostiziert in diesem Essay eine Eskalation des menschlichen Handelns auf die globale Umwelt durch anthropogene CO_2-Emissionen in den letzten drei Jahrhunderten. Diese Eskalation habe nun ein solches Ausmaß angenommen, dass es nötig sei, von einer neuen geologischen Epoche zu sprechen, dem Anthropozän. Das Anthropozän folge auf das Holozän und beginne im späten 18. Jahrhundert:

»Den Beginn des Anthropozäns kann man auf das späte 18. Jahrhundert datieren, da Untersuchungen der in Eisbohrkernen eingeschlossenen Luftbläschen ergaben, daß die Konzentration von CO_2 und Methan in der Atmosphäre in dieser Zeit weltweit zuzunehmen begann. Dieses Datum fällt überdies mit James Watts Erfindung des sogenannten Wattschen Parallelo-

1 | Vgl. P. J. Crutzen, Die Geologie der Menschheit, in: Das Raumschiff Erde hat keinen Notausgang. Energie und Politik im Anthropozän, Frankfurt a.M. 2011, 7-10.

grammms im Jahre 1784 zusammen, einer entscheidenden Verbesserung der Dampfmaschine.«[2]

Angesichts des Bevölkerungswachstums, der Abholzung des Regenwaldes, der Überfischung, des Ausstoßes an Schwefeldioxid, des Anstiegs der Treibhausgase etc. »wird die Menschheit auf Jahrtausende hinaus einen maßgeblichen ökologischen Faktor darstellen«.[3] Es sei denn, es trete eine globale Katastrophe ein: etwa durch einen Meteoriteneinschlag, einen neuen Weltkrieg oder eine verheerende Pandemie.[4] Angesichts dieser Diagnose sieht Crutzen Wissenschaftler und Ingenieure vor einer gewaltigen Aufgabe stehen, die »angemessenes menschliches Verhalten auf allen Ebenen und möglicherweise auch großangelegte Geoengineering-Projekte, zum Beispiel zur ›Optimierung‹ des Klimas«[5], erforderlich mache.

Seither wird der Begriff des Anthropozäns unter Geologen intensiv diskutiert. Die Arbeitsgruppe *Anthropozän* der *Subcommission on Quaternary Stratigraphy* (Kommission für Stratigraphie) konnte allerdings auf dem Kongress der Internationalen Geologischen Gesellschaft 2012 in Brisbane die Frage nicht beantworten, ob es sich hier um einen sinnvollen geologischen Begriff handelt oder nicht. Sie hat nun die Aufgabe, auf dem nächsten Treffen im Jahre 2016 einen Vorschlag zur Klärung der Frage zu unterbreiten. Obwohl es also unter Geologen bis heute keine Einigung darüber gibt, ob der Begriff tatsächlich wissenschaftlich haltbar ist, breitet er sich immer rasanter aus. Einen wesentlichen Beitrag zu dieser Verbreitung hat der Wissenschaftsjournalist Christian Schwägerl mit seinem Taschenbuch *Menschenzeit. Zerstören oder gestalten? Wie wir heute die Welt von morgen erschaffen* geleistet. Im Vorwort des Buches stellt Paul Crutzen mit Genugtuung fest, dass die Anthropozän-

2 | Ebd., 7.

3 | Ebd., 9/10.

4 | Vgl. ebd., 9.

5 | Ebd., 10.

Idee dabei sei, »zu einem wichtigen Werkzeug für Wissenschaft, Gesellschaft und Philosophie zu werden«.[6] Für Crutzen ist die Idee des Anthropozäns insbesondere für das Leben junger Menschen wichtig, da sie ihnen die Bedeutung vermittele, »dass sie es sind, die diese Erde der Zukunft gemeinsam mit ihren Altersgenossen teilen und auch erschaffen helfen«.[7]

Menschenzeit

Kann man heute sinnvoll von einem »Zeitalter ›des Menschen‹ sprechen, wenn wir doch gerade im Blick auf den Menschen mit einer Diversität konfrontiert sind, beispielsweise einer ›Neuro-Diversität‹ von Gefühlen, Verhalten, Gedanken, Musik, Geschichten, Träumen, Körpersprache, Sexualpraktiken, Gesten und Taten«, die durchaus mit der Biodiversität des Regenwaldes vergleichbar ist? – so fragt Schwägerl gleich zu Beginn seiner Ausführungen.[8] Seine Antwort: Ja, es lässt sich nämlich so etwas wie eine »›Signatur des Menschen‹ auf der Erde« ausmachen. Es gibt eine »neue Anthropo-Erde«, und diese entsteht aus »dem Kollektiv der Unterschiede«.[9] Vom Gedanken der »Anthropo-Erde« leitet er dann unvermittelt zur Idee des Anthropozäns über. Dabei lädt er diesen Begriff gleich mit einer geradezu heilbringenden Komponente auf. Denn dieser Begriff konnte eigentlich, so hebt Schwägerl hervor, von keinem anderen erfunden werden als von Crutzen, dem wir bekanntlich die Einsichten in die negativen Wirkungen der Fluor-Chlor-Kohlenwasserstoffe (FCKW)

6 | Ders., Willkommen im Anthropozän, in: C. Schwägerl, Menschenzeit. Zerstören oder gestalten? Wie wir heute die Welt von morgen erschaffen, München 2012, 7-8, 7.

7 | Ebd., 7/8.

8 | C. Schwägerl, Menschenzeit. Zerstören oder gestalten? Wie wir heute die Welt von morgen erschaffen, a.a.O., 17.

9 | Ebd.

auf die Ozonschicht zu verdanken haben.[10] Erst durch die Ozonforschung sind wir zu der Erkenntnis gelangt, »das Wirken des Menschen als wichtige, ja vielleicht wichtigste Kraft in der Natur anzuerkennen«.[11] Crutzen avanciert bei Schwägerl zum Menschheitsretter: »Paul Crutzen hat als einzelner Mann den Prozess ausgelöst, der die Menschheit vor der evolutionsbiologischen Blamage rettete, wegen Deodorantsprays und leckender Kühlschränke den wichtigsten Schutz gegen UV-Strahlen zu verlieren.«[12] Spätestens an dieser Stelle wird deutlich, dass der Begriff des Anthropozäns keineswegs bloß deskriptiver Art ist. Längst hat er eine normative Komponente angenommen. Und so plädiert Schwägerl dafür, Crutzens Anthropozän-These zu einem globalen Ethos fortzuentwickeln.[13] Mit dem Zeitalter des Anthropozäns wird nämlich eine »neue Ära der Verantwortung« eingeleitet.[14]

Schwägerl bleibt hier jedoch nicht stehen. Das Anthropozän wird bei ihm nicht nur zu einem neurobiologischen, sondern auch zu einem neurogeologischen Phänomen hochstilisiert:

»Aus unserer Wahrnehmung, aus den Gedanken und Gefühlen, aus unseren Bedürfnissen, Gewohnheiten, Entscheidungen und Prognosen entsteht ein neuer Planet. Wir erleben den Beginn einer Neuro-Geologie. Das macht es unmöglich, länger die Reiche von Natur und Kultur zu trennen. Im Anthropozän werden sie auf die eine oder andere Art verschmelzen, in einem Prozess bio-kultureller Evolution.«[15]

Damit wird die Menschheit zur Avantgarde der Evolution ausgerufen. Antreiber der Geschichte in der zweiten Hälfte des 20. Jahrhunderts sind nicht mehr einzelne Menschen mit ihrem »Körper-

10 | Vgl. ebd., 20.

11 | Ebd., 22.

12 | Ebd., 21.

13 | Vgl. ebd., 33.

14 | Ebd.

15 | Ebd., 40.

leib« (Helmuth Plessner), sondern »das Kollektiv der menschlichen Gehirne«:

»Seit 1945, als die ›Große Beschleunigung‹ begann, hat das Kollektiv der menschlichen Gehirne viele Eigenschaften und Werkzeuge entwickelt, deren Potenzial für positive zivilisatorische Veränderungen groß ist. Der wissenschaftliche Erkenntnisprozess ist so stark wie nie, er schrumpft das Riesenreich des Nichtgewussten, enthüllt Geheimnisse von Atomen, Gehirnen, Ökosystemen. Die Fähigkeiten, neue Technologien hervorzubringen, wachsen rasch, sodass Fertigkeiten entstehen, die bis vor kurzem noch unvorstellbar erschienen, von der Gentherapie bis zur künstlichen Photosynthese.«[16]

Der Fortschrittsoptimismus Schwägerls ist trotz Klimakrise ungebrochen – als gäbe es auch keine Finanz- und Wirtschaftskrise. So visioniert er, dass die freie Marktwirtschaft in sich die Chance trägt,

»dass sich die besten Produkte und Dienstleistungen durchsetzen und Konsumenten die Dingwelt durch freie Entscheidungen erschaffen. Das *World Wide Web* und seine sozialen Medien ermöglichen eine weltweite Verbundenheit, überwinden geografische Barrieren und erlauben es Menschen, an sozialen und politischen Prozessen unabhängig von ihrem Wohnort teilzunehmen. Und die Vereinten Nationen bieten eine Struktur, die Nationen und Kulturen für einen fairen Ausgleich ihrer Interessen zusammenbringt«.[17]

Die »›Anthropoisierung‹ der Welt«, ihre Aneignung durch den Menschen, könnte »das großartigste Unterfangen überhaupt sein«, liegt doch in diesem Prozess vielleicht ein tieferer Sinn verborgen, nämlich »die Erde zu vermenschlichen, menschlicher zu machen, zu humanisieren«.[18] All das wäre möglich, wäre da nicht die Gegen-

16 | Ebd., 42.
17 | Ebd.
18 | Ebd., 43.

wartspräferenz, die uns auf ein Kurzfristdenken verpflichtet.[19] Dieses Kurzfristdenken gründet in der »Dominanz des Amerikanischen Traumes«, des »Traums vom unlimitierten Zugang zu Ressourcen und individuellem Anspruch auf Verschwendung«; es ist »der Traum davon, auf einer unendlichen Erde zu leben und das Leben in einem konstanten Strom kurzfristiger Belohnungen zu verbringen«.[20]

Seit der Ankunft des Menschen wird die Welt radikal verändert. Darin kann Schwägerl auch nichts Verwerfliches erkennen, denn: »Der Mensch ist das Lernwesen schlechthin – warum sollte da der Weg zu einem Planeten, den der Mensch durchdringt und beherrscht, nicht positiv verlaufen? Die Menschheit hat die erstaunlichsten Wissenschaftler und Künstler hervorgebracht – warum sollten da nicht Menschen möglich sein, die Habgier und krankes Wirtschaften von heute überwinden? Erfindungsreiche Menschen füllen unsere Welt mit den erstaunlichsten Maschinen – warum sollten es nicht Maschinen sein, die sich an die Lebenssysteme der Erde anpassen, statt sie zu schädigen?«[21] Heute kommt dem Menschen die Aufgabe zu, »Züchter einer Welt zu werden«.[22] Aber dieses Züchten ist etwas völlig anderes als das »primitive Umgestalten des globalen Ökosystems«, mit dem wir es heute zu tun haben; es ist gestalterisch, nicht zerstörerisch.[23]

Die Welt, in der wir leben, befindet sich durch den Einfluss des Menschen in stetiger Veränderung. Durch ihn wurde sie zu einer »gezüchteten Welt«, denn das Züchten ist das Grundprinzip menschlicher Zivilisation. »Es folgt dem Prinzip der biokulturellen Evolution. Es verbindet Genom und Gedanken, Natur und Kultur,

19 | Vgl. ebd., 46.
20 | Ebd., 49.
21 | Ebd., 100.
22 | Ebd., 101.
23 | Vgl. ebd., 100-102.

Realität und Träume. Züchten ist für das Anthropozän prägender als Häuser.«[24] Und nicht nur das:

»Das Prinzip des Züchtens zieht sich durch alle Handlungen. Ingenieure züchten Maschinen, Künstler züchten Kunstwerke, Konsumenten züchten Produkte, Medien züchten Weltbilder, Wissenschaftler züchten Hypothesen. Das wirft einige bedeutende Fragen auf: Was züchtet die heutige Landwirtschaft selbst, was züchten die Politiker, die ihre Regeln festlegen, und was züchten die Essenden?«[25]

Von hier aus ist es nur noch ein kleiner Schritt zu der Einsicht, dass das, was Natur heißt, im Anthropozän »in vielen Fällen dem menschlichen Gehirn«[26] entstammt. Mit dem Anthropozän-Paradigma wird das Nachhaltigkeitsparadigma abgelöst, da letzteres immer noch auf dem »Gegenüber von Mensch und Natursystem besteht«.[27] Der Gedanke einer »Menschen-Erde« kann deshalb auf der Basis des Nachhaltigkeitsparadigmas nicht mehr gedacht werden.[28]

Heute fällt dem Menschen die Aufgabe zu, ein globaler Gärtner zu werden.[29] Schaut man aber auf die Gestaltungskraft des Menschen, so ist auf die Symbiose Mensch und Maschine einzugehen.[30] Die Maschine ist Teil des Menschen geworden. Es ist eine Weltfabrik entstanden, die jedoch im Zeitalter des Anthropozäns nach dem Prinzip der »Bioadaptation«[31] erneuert werden muss: »[...] Farbstoffe nach dem Vorbild von Schmetterlingspigmenten; Plastikersatz aus Insektenprotein; Gebäudekonstruktionen inspiriert von Kieselalgen; Kraftwerke, die den natürlichen Photosyntheseprozess

24 | Ebd., 104.
25 | Ebd., 105.
26 | Ebd., 119.
27 | Ebd., 122.
28 | Vgl. ebd.
29 | Vgl. ebd., 137.
30 | Vgl. ebd.
31 | Ebd., 156.

imitieren; Bakterien, die Treibstoffe und Baustoffe generieren«.[32] Es gilt somit, eine biologische Maschinenzucht auf der Basis von Bioadaptation zu betreiben.[33]

Von der Maschinenzucht ist der Weg nicht weit zur Menschenzucht. Mit der Erzeugung der ersten künstlichen Zelle durch den Biologen Craig Venter sieht Schwägerl eine neue, jetzt allerdings nach innen gerichtete Dimension des Anthropozäns zum Vorschein kommen: »die beginnende Herrschaft über die molekularen und genetischen Landschaften der Gene, Zellen und Organe«.[34] So schlüpft der Mensch in die bislang nur Gott vorbehaltene Schöpferrolle.[35] Dass den Naturwissenschaften im Konzept des Anthropozäns die Funktion einer Erlösungsreligion zugesprochen wird, zeigt sich daran, dass neben Crutzen nun auch Venter als eine Art Retter- und Erlöserfigur erscheint. Das Kunstbakterium, an dem Venter forscht,

»soll letztlich so programmiert werden, dass es sich von dem Treibhausgas Kohlendioxid ernährt und dabei energiereichen Wasserstoff freisetzt. Das könnte die Energieprobleme der Menschheit auf biosynthetische Weise lösen, verheißt Venter. Mit diesem riesig-winzigen Monument der Umweltheilung will er sich absolut unvergesslich machen«.[36]

Es entsteht gegenwärtig aber noch ein »weiteres ›neuartiges Ökosystem‹ im Anthropozän«, und zwar in vielen Laboren weltweit:

»Riesige Zoos von gentechnisch veränderten Tieren sind entstanden, an denen untersucht wird, was passiert, wenn dieses oder jenes Gen aus dem Erbgut entfernt oder zusätzlich eingefügt wird. Diese Zoos sind weltweit über die Hochschulen und Firmenlabors verstreut. In ihnen leben Mäuse mit

32 | Ebd., 157.

33 | Vgl. ebd., 158/159.

34 | Ebd., 160.

35 | Vgl. ebd.

36 | Ebd., 163.

Fettsucht, Ratten mit Bluthochdruck, Zebrafische mit einem Selbstzerstörungsmechanismus im Gehirn, Taufliegen mit Beinen am Kopf.«[37]

In diesem »Labor-Ökosystem« werden Kranke erzeugt, »um an ihnen die Krankheiten des Menschen zu studieren«.[38] Schwägerl fasst zusammen:

»Auch diese Kunstzoos sind Symbole des Anthropozäns. Die Äcker und Straßen, die Städte und Maschinen, mit denen der Mensch die Erdoberfläche dominiert, bieten nur die Außenseite seiner Herrschaft. Nach innen erstreckt sie sich immer tiefer und weiter über das Leben selbst: Auf die Züchtung von Tieren und Pflanzen folgt die Gentechnik, aus der Gentechnik erwächst die synthetische Biologie.«[39]

Das alles ist möglich geworden durch Rahmenbedingungen der freien Marktwirtschaft, die für solche Privatunternehmungen überhaupt erst Raum schafft. Privatunternehmungen »waren schon häufig die Brutstätten wichtiger und positiver Innovationen. Unternehmen und einzelne Pioniere erwirtschaften nicht nur das Kapital für ihre Forschung, sie arbeiten vielfach unter den besten intellektuellen Bedingungen, das Neue in die Welt zu bringen.«[40] Aber wie steht es mit der Menschenzucht?

»Die Fortschritte der modernen Bio- und Gentechnologie lassen es möglich erscheinen, dass sich der sechste Tag der Genesis zur Science-Fiction verwandelt. Dann wird sich die vom Christentum behauptete Gottebenbildlichkeit des Menschen auf unerwartete Weise manifestieren. Dass der Mensch sein eigenes Ebenbild aus Einzelmolekülen neu erschafft so wie Craig Venter heute ›Synthia‹, ist aber noch viele Jahre entfernt. Das ist eine Chance,

37 | Ebd., 165/166.
38 | Ebd., 166.
39 | Ebd.
40 | Ebd., 170.

in der Zwischenzeit die richtigen Bedingungen für dieses Wissen zu suchen: In welchen Händen landet die Macht über das Leben?«[41]

Diese Unternehmungen sind für Schwägerl keineswegs anstößig; es bedarf allerdings einer demokratischen Einbettung eines solchen Unternehmens, um Manipulationen durch Diktatoren zu verhindern.[42]

Diese Transformationsprozesse verlangen von den Menschen eine »geistige Reifung«.[43] Und genau hier sieht Schwägerl dringenden Bedarf: »Im Zeitalter des Menschen, dem Zeitalter von Neurogeologie und synthetischer Biologie, steht die zur Schöpfermacht gehörende Bewusstseinsreifung noch aus.«[44] Ob die Religionen, die Wissenschaft und die Weltanschauungen der kulturellen Herausforderung im Anthropozän gewachsen sind, wird sich daran zeigen, wie sie mit dem Dualismus umgehen. Das gilt vor allem für das Christentum, das den Dualismus »zwischen Körper und Seele, Diesseits und Jenseits, Natur und Kultur, Schöpfer und Schöpfung«[45] besonders kultiviert. Aber Schwägerl sieht nicht nur im Christentum Probleme. Gegenwärtig zeigt sich in keiner Kultur ein solcher Wandel. Mithin mangelt es, insgesamt gesehen, an einer »grundsätzlichere[n] kulturellen Erneuerung«[46]. Dennoch steht Schwägerl zufolge »in den christlichen Weltregionen die tiefgreifendste Erneuerung an«.[47]

Das Selbstverständnis des Menschen beginnt sich im Anthropozän zu ändern. Es mag durchaus, so konzediert Schwägerl, auf einer bestimmten zivilisatorischen Entwicklungsstufe sinnvoll gewesen sein, den »Menschen mittels Würde vom Tier zu trennen«. Aber zukünftig ist es angezeigt, »die Würde des ›Weltorganismus‹ zu klären. Vielleicht wird das Ergebnis eine naturwissenschaftlich

41 | Ebd., 172.
42 | Vgl. ebd., 171.
43 | Ebd., 175.
44 | Ebd., 180.
45 | Ebd., 183.
46 | Vgl. ebd., 189.
47 | Ebd., 190.

fundierte Würde des Menschen sein, die aus der Würde des Weltorganismus heraus entsteht.«[48]

Im Anthropozän wird der menschliche Körper entgrenzt, globalisiert.[49] Der Körper avanciert zum »Welt-Körper«.[50] Die kulturellen Einsichten, an die es anzuknüpfen gilt, in denen Mäßigung als Mittel und Ziel gefordert wird, entstammen allerdings nicht einer außereuropäischen primitiveren Vergangenheit, wie Greenpeace sie beschwört, sondern der europäischen Aufklärung.[51] Es geht deshalb

> »um die Sehnsucht nach einer aufgeklärteren Zukunft, die Malariamedikamente, Schulen und umweltfreundliche Technologien am Fließband erzeugt, aber die falschen Fließbänder stilllegt. Jedenfalls geht es nicht um den ›verzweifelten maschinenstürmerischen Wunsch, das über Nacht erworbene Titanentum wieder abzuwerfen und [...] wieder Mensch sein zu dürfen‹, wie der deutsche Philosoph Günther Anders meinte«.[52]

Schwägerl plädiert für einen »›Biofuturismus‹, der zugleich ökologisch und technisch-avantgardistisch aufgestellt ist. [...] Die Umweltbewegung muss also letztlich zur Fortschrittsbewegung werden«.[53]Angesichts der Bedrohung sind aber auch großangelegte Geo-Engineering-Projekte nicht auszuschließen, obwohl diese große Gefahren in sich tragen.[54] Schwägerl fordert schließlich, ein »Max-Planck-Institut für die Gestaltung des Anthropozänikers [...] mit dem Nobelpreisträger Paul Crutzen als Ehrendirektor«[55] zu gründen:

---

48 | Ebd., 214. Den Terminus »Weltorganismus« hat Schwägerl von Alexander von Humboldt übernommen.

49 | Vgl. ebd., 221.

50 | Ebd., 224.

51 | Vgl. ebd., 235.

52 | Ebd.

53 | Ebd., 285.

54 | Vgl. ebd., 298/299.

55 | Ebd., 307.

»Psychologen und Gehirnforscher könnten dort die Mechanismen von Mäßigung und Verzicht untersuchen. Ökonomen könnten Alternativen zum maßlosen Wachstum entwickeln, wirkungsvolle Mechanismen der Innovation entwerfen und die Entwicklungshilfe modernisieren. Ökologen und Geografen hätten die Aufgabe, das Design neuer Kulturlandschaften und das Management von Ökosystemen zu erforschen, Klimaexperten könnten die Grundlagen legen, um in späteren Zeiten das Erdsystem gezielt zu beeinflussen, Biologen und Ethiker an einer synthetischen Biologie arbeiten, die den höchsten Ansprüchen genügt. Politologen und Ethiker könnten an diesem Institut langfristige Regeln für die neue, anthropogene Welt entwickeln. Es ließe sich sogar die Theologie einbauen: Angesichts der Bedeutung der Religionen für die Kultur wäre eine Theologie der Menschenherrschaft ein würdiges Unterfangen. Es bräuchte, in unmittelbarer Nähe zu dieser Abteilung, auch eine Gruppe von Anthropologen, die das utopische Denken und Leben in den reicheren Ländern praktisch untersuchen, so wie es frühere Forscher bei Exkursionen zu den exotischen Einheimischen getan haben: eine Anthropologie des westlichen Lebensstils.«[56]

Kein anderes Bild prägt die Vorstellung der Verfechter des Anthropozänikers stärker als das des Gärtners: »Das Leitmotiv [...] ist der Gärtner.«[57] Das »Szenario einer ›Garten-Erde‹« ist nicht utopisch, sondern eu-topisch, »also einen guten Ort beschreibend, [das, J.M.] ist die Idee einer Garten-Erde«.[58] Auch am Ende seines Buches scheint erneut die Vision einer posthumanen Zukunft auf: Vielleicht wird sich »eines Tages [...] eine neue intelligente Lebensform [...] so rührend um den Schutz der letzten Menschen kümmern [...], wie wir das heute mit Flussdelphinen und Blauwalen tun«.[59]

Doch um all das möglich zu machen, müssen wir, so Schwägerls eindringliche Forderung, die Zukunft vom »apokalyptischen

56 | Ebd.

57 | Ebd., 349.

58 | Ebd., 350.

59 | Ebd., 354.

Nebel«[60] befreien: Nicht das Ende ist nah, sondern »nur das Ende des apokalyptischen Denkens«.[61] Wir leben heute nicht am Beginn des Weltuntergangs, sondern am Beginn des »Weltaufgangs«[62].

Das Anthropozän-Projekt

Der Begriff des Anthropozänikers übt heute eine derartige Faszination aus, dass ihn hierzulande bereits wichtige Institutionen zum Programm erhoben haben. So hat etwa das *Haus der Kulturen der Welt* (HKW) in Berlin ein groß angelegtes »Anthropozän-Projekt« ins Leben gerufen, das den Anspruch erhebt, kulturelle Grundlagenforschung mit den Mitteln der Kunst und der Wissenschaft zu betreiben. In der Projektbeschreibung heißt es:

> »Unsere Vorstellung von der Natur ist überholt. Der Mensch formt die Natur. Das ist der Kern der Anthropozän-These, die einen Paradigmenwechsel nicht nur in den Naturwissenschaften ankündigt, sondern darüber hinaus in Kultur, Politik und Alltag nach neuen Wegen sucht. In einem zweijährigen Projekt lotet das HKW die vielfältigen Implikationen dieser Hypothese aus.«[63]

Ein solches Projekt liegt in der Logik der Idee des Anthropozäns, wie sie von Schwägerl skizziert wurde, der das Zeitalter des Anthropozäns ausdrücklich als ein kulturelles Phänomen interpretiert, weil es an der »Schnittstelle von Wissenschaft und Kunst« liege und gerade deshalb ein Innovationspotenzial besitze, das größer sei als

60 | Ebd., 322.

61 | Ebd., 356.

62 | Ebd., 359.

63 | Das Anthopozän-Projekt. Eine Eröffnung, 10.01.2013, in: www.hkw.de/de/programm/2013/anthropozaen/anthropozaen_76723.php (abgerufen am 01.08.2013).

das von Silicon Valley.[64] Zwar liest man in der Projektbeschreibung des HKW, dass auch die blinden Flecken und die Nebenwirkungen in den Blick genommen werden sollen, aber der Projektleiter, der Philosoph Bernd M. Scherer, kassiert diese kritische Perspektive bereits in seiner Ansprache zur Eröffnung des Projektes am 10. Januar 2013 wieder ein.[65] Scherer wählt den Film *More than Honey* als Ausgangspunkt seiner Überlegungen. Der Film dokumentiert das weltweite Bienensterben, vor allem in den USA und in China. Scherer fasst die Botschaft des Films folgendermaßen zusammen:

»Weil die Bauern sich beschwerten, dass die Spatzen die Saat aus dem Boden pickten, ließ Mao Tse Tung die Spatzen erschießen. Dies führte zu einer Insektenplage, weil die regulierende Kraft der Spatzen nicht mehr vorhanden war. Um der Insekten Herr zu werden, wurden Pestizide eingesetzt. Mit den Insekten verschwanden dann aber auch zunehmend die Bienen und damit die Bestäuber der Pflanzen. Die Schlussszene zeigt Kolonnen von Chinesen, die auf Bäume klettern, um in der Rolle der Bienen die Blüten zu bestäuben.«

Diese Geschichte führe uns

»auf drastische Weise den Menschen in seiner Doppelrolle als Kultur- und Naturwesen vor Augen. Er intendiert bestimmte Handlungen und stellt sie damit in einen Bedeutungszusammenhang, z.B. Bekämpfung der Spatzen, um das Säen zu erleichtern. Gleichzeitig erzeugen diese Handlungen Wirkungen, die nicht intendiert und damit natürlich sind. Die Zunahme der Insekten nach der Vernichtung der Spatzen ist so eine natürliche Konsequenz. Dieser Doppelaspekt menschlichen Tuns durchzieht die Menschheitsgeschichte von den Anfängen an.«

---

64 | Vgl. C. Schwägerl, Menschenzeit, a.a.O., 308.

65 | Vgl. zu den folgenden Zitaten: B. M. Scherer, Das Anthropozän-Projekt, in: Das Anthropozän-Projekt, a.a.O.

In der Moderne hätten die Eingriffe des Menschen allerdings eine neue Dimension erreicht, da sie zu Veränderungen bis in das Innerste der Erde geführt hätten. Mit der Anthropozän-These werde uns nun eine neue Großerzählung an die Hand gegeben, die uns die Wirkkraft menschlichen Handelns als tief gehende Transformationen der Erde bewusst mache. Die Menschen hätten durch ihr Tun eine eigene Natur hervorgebracht. Scherer hebt ausdrücklich hervor, dass in der Anthropozän-These von der Spezies Mensch die Rede sei. Als Spezies betrachtet, sei der Mensch Naturwesen, und als »solches hat er keine eigenen Intentionen und produziert keine Kultur«. Der Mensch werde im Horizont der Anthropozän-These als Naturwesen wahrgenommen, das »eine Natur geschaffen hat, die, da sie die Erde als Ganzes sowohl in ihrer zeitlichen wie räumlichen Dimension betrifft, eine geradezu allumfassende, um nicht zu sagen totale Wirkmacht entfaltet. Diese geht soweit, dass andere Spezies in einem nicht gekannten Ausmaß ausgelöscht werden. Sie verändert aber auch den Menschen als Kulturwesen.« Auf »diesen vom Menschen induzierten Naturprozeß« müssten nun »kulturelle Antworten« gefunden werden. Das bedeute auch, dass »das Anthropozän als Narrativ der Natur des Menschen [...] um kulturelle Narrative erweitert werden« müsse. Scherer bemerkt allerdings, dass die kulturellen Erzählungen nicht in eine allumfassende kulturelle Erzählung aufgelöst werden dürften. Dennoch weiß er eine Richtung anzugeben, in die die kulturellen Erzählungen zu entwickeln seien. Diese Richtung wird von ihm durch eine Fragerichtung vorgegeben: Es müsse nämlich gefragt werden, wie wir eine Welt erfahren, »deren Lebewesen und Gegenstände mehr und mehr entweder chemisch oder biogenetisch produziert werden«. Konzeptionell gehe es darum, »deutlich zu machen, dass die Dinge, die wir schaffen, nie nur Objekte sind, uns als Welt gegenüberstehen, sondern immer auch Subjektanteile besitzen, die auf uns einwirken. Das heißt, wir befinden uns in einem permanenten Interaktionszusammenhang mit der Dingwelt.«

Scherer fragt allerdings auch kritisch, ob das Anthropozän gerecht sei. Zwar werde »die vom Anthropozän thematisierte Natur« von der Spezies Mensch

»erzeugt, die konkreten Handlungen aber wurden und werden von Einzelnen, Gruppen, Firmen, Gesellschaften ausgeführt. Oft sind die Hauptakteure nicht diejenigen, die am stärksten von den Effekten betroffen werden. Lange Zeit saßen die Hauptakteure im Westen und die Betroffenen hauptsächlich im Rest der Welt. Heute sind die Zusammenhänge undurchsichtiger geworden«.

Am Ende seines Vortrages fasst Scherer die Intention des Anthropozän-Projektes folgendermaßen zusammen: Das Anthropozän-Projekt werde im *Haus der Kulturen der Welt* als ein Kulturprojekt verstanden, das erstens die Existenz einer vom Menschen geschaffenen Natur ins Bewusstsein rücke; zweitens beabsichtige man, das Anthropozän »in eine dem Mensch[en] in seiner Endlichkeit und Naturbedingtheit angemessene[n]Welt zu überführen, i.e. ihn als Teil von Kreisläufen zu sehen«. Drittens bedürfe es zur Herstellung dieses Paradigmenwechsels »neben einer Neuordnung der Wissenschaft der Phantasie der Künste«. Soweit Scherer.

Nebenbei bemerkt: Paul Crutzen ist Schirmherr des Anthropozän-Projektes, und zu dem Leitungsteam gehören neben Bernd M. Scherer auch Christian Schwägerl und Reinhold Leinfelder – letzterem werden wir uns gleich zuwenden.

Das *Haus der Kulturen der Welt* steht mit dem Anthropozän-Projekt nicht allein dar. Auch das *Deutsche Museum* in München plant gemeinsam mit dem *Rachel Carson Center for Environment and Society* für 2014/15 eine große Sonderausstellung »Anthropozän – Natur und Technik im Menschenzeitalter«. In der Anzeige der Ausstellung heißt es: »Initiiert und inspiriert wurde das Projekt durch Prof. Dr. Reinhold Leinfelder [...] und das Buch ›Menschenzeit‹ des freien Wissenschaftsjournalisten Christian Schwägerl. Beide gehören als externe Mitglieder dem Projektteam an [...]. Kooperationspartner des Projektes ist das Haus der Kulturen der Welt in Berlin [...]«.

Der Anthropozäniker

Reinhold Leinfelder, Geologe und Paläontologe an der *Freien Universität Berlin* und am *Rachel Carson Center for Environment and Society* in München, bezeichnet sich selbst als »Anthropozäniker«. Er sieht die dringlichste Aufgabe des Menschen heute darin, sich seiner Verantwortung im Zeitalter des Anthropozäns bewusst zu werden. Aufgrund der Komplexität der Natur könne der Mensch sich dieser Verantwortung jedoch nur wissensbasiert stellen.[66] Im Vergleich zu Schwägerl sieht Leinfelder die Zukunft der Religionen im Menschenzeitalter positiver. In den Religionen fänden sich durchaus Anknüpfungspunkte dafür, eine »Heimat in einem Anthropozän-Weltbild« zu finden, gehe es doch um das Bewahren einer Schöpfung, wobei Bewahren auch von Leinfelder als eine gärtnerische Aufgabe verstanden wird.[67]

Leinfelder zufolge enthält das Anthropozän-Konzept das Potenzial, endlich den Dualismus von Naturwissenschaften und Geisteswissenschaften hinter sich zu lassen. Schließlich gehe es doch um die »Verschmelzung von Natur und Kultur. Unsere Umwelt wird zur ›Unswelt‹«.[68] Aus diesem Grund macht er sich für die Einrichtung »Integrativer Zentren für Anthropozän-Wissenschaften«[69] stark. Diese sollten dazu beitragen, die Gesellschaft in eine zukunftsfähige Gesellschaft zu transformieren.[70] Im Unterschied zu Crutzen und Schwägerl lehnt Leinfelder aber großtechnologische

66 | Vgl. R. Leinfelder, Anthropozän – die Diskussion: Begriffsherkunft, Weltbild, Herausforderungen, in: www.scilogs.de/der-anthropozaeniker/anthro poz-n-die-diskussion-begriffsherkunft-weltbild-herausforderungen/ (abgerufen am 02.05.2014).

67 | Ebd.

68 | Ders., Von der Umweltforschung zur Unsweltforschung, in: Frankfurter Allgemeine Zeitung v. 12.10.2011.

69 | Ebd.

70 | Vgl. ders., Integrative Anthropozän-Wissenschaften – Forschung und Bildung für die Transformation zu einer zukunftsfähigen Gesellschaft (11.12.2011),

Eingriffe strikt ab, seien diese doch mit einem gärtnerischen Gestalten nicht vereinbar.[71]

Ein Gespenst geht um ...

Mittlerweile taucht der Begriff »Anthropozän« sogar in einem Gutachten auf, das der *Wissenschaftliche Beirat der Bundesregierung für Globale Umweltveränderungen* 2011 verfasst hat. In dem Gutachten *Welt im Wandel. Gesellschaftsvertrag für eine Große Transformation* wird der Begriff unter der Hand eingeführt, so als ob es sich um einen anerkannten wissenschaftlichen Begriff handeln würde. Mitverfasser ist wiederum Reinhold Leinfelder. In diesem Papier wird nichts Geringeres als ein »neuer Weltgesellschaftsvertrag für eine klimaverträgliche und nachhaltige Weltwirtschaftsordnung« auf der Basis einer »Großen Transformation« angestrebt.[72] Über den dringend notwendigen Gesellschaftsvertrag angesichts der Herausforderungen des Klimawandels heißt es: »Der Gesellschaftsvertrag kombiniert eine Kultur der Achtsamkeit (aus ökologischer Verantwortung) mit einer Kultur der Teilhabe (als demokratische Verantwortung) sowie mit einer Kultur der Verpflichtung gegenüber zukünftigen Generationen (Zukunftsverantwortung).«[73] Der Begriff der »Großen Transformation« geht auf Karl Polanyi zurück. Mit ihm habe Polanyi zeigen können, »dass die Stabilisierung und Akzeptanz der ›modernen Industriegesellschaften‹ erst durch die Einbettung der ungesteuerten Marktdynamiken und Innovations-

---

in: www.scilogs.de/wblogs/blog/der-anthropozaeniker/unswelt (abgerufen am 02.05.2014).

71 | Vgl. ders., Wir Weltgärtner. Interview mit Reinhold Leinfelder, in: Die Zeit v. 10.01.2013.

72 | Wissenschaftlicher Beirat der Bundesregierung Globale Umweltveränderungen, Welt im Wandel. Gesellschaftsvertrag für eine Große Transformation, Berlin 2011, 1/2.

73 | Ebd., 2.

prozesse in Rechtsstaat, Demokratie und wohlfahrtsstaatliche Arrangements gelang – also durch die Emergenz eines neuen Gesellschaftsvertrages«.[74] Die angestrebte »Große Transformation« wird aus globaler Perspektive skizziert. Es geht um das ganz Große, um Weltpolitik und Weltgesellschaft.

Der neue Gesellschaftsvertrag sei als »Veränderungskontrakt« zu verstehen und werde von der »Weltbürgerschaft« abgeschlossen.[75] In diesem Vertrag stimme die Weltbürgerschaft »Innovationserwartungen zu, die normativ an das Nachhaltigkeitspostulat gebunden sind, und gibt dafür spontane Beharrungswünsche auf«.[76] Um ein solches Bürgertum zu schaffen, bedürfe es neuer Bildungskonzepte. Die Autoren schlagen eine transformative Bildung vor, die einen »Bezug zu Schlüsselfaktoren der Transformation«[77] herstellt. Ausdrücklich weisen sie in diesem Zusammenhang sowohl auf die Gestaltung des Physik- und Geographieunterrichts als auch auf die der sozialwissenschaftlichen Fächer hin.[78] Trotz der Rede von der Notwendigkeit einer »Kultur der Achtsamkeit« kommt den Geisteswissenschaften in der »Großen Transformation« ein geringerer Stellenwert zu, bedarf es doch scheinbar zur Problemlösung weniger der Kultur, als vielmehr der Technik- und Naturwissenschaften. Kulturen, Künste und Religionen haben allem Anschein nach keinen Anteil an der Wissensproduktion. Ihr Aufgabenfeld wird auf die Wissenskommunikation beschränkt, und so wird ihnen in erster Linie die Funktion des Multiplikators zugewiesen.

Auch in ein Papier des Vatikans hat der Begriff des Anthropozäns mittlerweile Eingang gefunden, und zwar in den am 11. Mai 2011 veröffentlichten Bericht *Das Schicksal der Gebirgsgletscher im Anthropozän*, erstellt von einer Arbeitsgruppe der *Päpstlichen Akademie der Wissenschaften*, bestehend aus Glaziologen, Klimatologen,

74 | Ebd.
75 | Ebd., 8.
76 | Ebd.
77 | Ebd., 24.
78 | Vgl. ebd., 24.

Meteorologen, Hydrologen, Physikern, Chemikern, Bergsteigern und Juristen. Der Text beginnt mit der Diagnose, dass wir in einem neuen Zeitalter leben, dem des Anthropozäns:

»Die offensive Ausbeutung fossiler Brennstoffe und anderer natürlicher Ressourcen hat die Luft, die wir atmen, das Wasser, das wir trinken, und das Land, das wir bewohnen, geschädigt. [...] Die klimatischen und ökologischen Auswirkungen dieses menschlichen Eingriffs in das Erdsystem werden voraussichtlich viele Jahrtausende andauern und rechtfertigen damit einen neuen Namen, nämlich ›Das Anthropozän‹ für die neue, menschengemachte geologische Epoche, in der wir leben.«

Einer der drei Vorsitzenden der Arbeitsgruppe ist, wen wundert's, Paul J. Crutzen.

Wäre mit dem Begriff »Anthropozän« nicht mehr, aber auch nicht weniger ausgesagt, als dass der Mensch mittlerweile zu einer geophysikalischen Kraft geworden ist, so wäre mit ihm in der Tat eine neue und für unser Handeln bedeutsame Dimension bezeichnet. Der Begriff schießt jedoch weit über diese Einsicht hinaus.

III. Vom Sinn des Nichtwissens

Die Vertreter der Anthropozän-These tun so, als sei der Begriff des Anthropozäns nichts anderes als ein deskriptiver Begriff, der lediglich den Sachverhalt auf den Punkt bringe, dass die Menschheit die Erde tief greifend negativ verändert habe. Wer aber verbirgt sich hinter dem Kollektivsubjekt »die Menschheit«? Die These, dass *die* Menschheit Täter dieser Schandtat sei, ist unsinnig. Die Menschheit ist kein handelnder Akteur, und so hat auch nicht »die Menschheit« absichtlich die Klimaprobleme geschaffen. Vieles, unter dem wir und vor allem zukünftige Generationen zu leiden haben, nahm zu einer Zeit seinen Lauf, als man weder wissen noch überhaupt ahnen konnte, welche Auswirkungen einmal mit dem eigenen Handeln verbunden sein würden. Man denke etwa nur an die Verwendung der Fluor-Chlor-Kohlenwasserstoffe (FCKW).[1] In den 1930er Jahren fing man damit an, sie als Kühlmittel zu benutzen. Es dauerte allerdings mehr als 40 Jahre, bis man überrascht feststellte, dass die FCKWs zur massiven Schädigung der Ozonschicht führen.[2] Das heißt: Es gibt so etwas wie ein allgemeines Unwissen, und das Faktum dieses Unwissens wird auch dadurch nicht aufgehoben, dass man darauf hinweisen kann, dass der eine oder andere Wissenschaftler schon zuvor Probleme gesehen oder geahnt hatte. Der

1 | Vgl. P. Wehling, Jenseits des Wissens? Wissenschaftliches Nichtwissen aus soziologischer Perspektive, in: Zeitschrift für Soziologie 6/2001, 465-484, 465; ders., Im Schatten des Wissens? Perspektiven der Soziologie des Nichtwissens, Konstanz 2006, 11.

2 | Vgl. ders., Jenseits des Wissens?, a.a.O., 465.

Soziologe Peter Wehling macht darauf aufmerksam, dass es sich bei diesem Wissen nicht um ein wissenschaftliches Noch-Nicht-Wissen handelte. Dieser Fall steht eher für ein unbewusstes Nichtwissen.[3] Dieses unbewusste Nichtwissen wird von den Vertretern der Anthropozän-These verschwiegen. Und nicht nur das: Sie können dem Nichtwissen überhaupt keinen Sinn abgewinnen, streben sie doch nach einem, wie sie sagen, wissensbasierten Verantwortungsverständnis, das auf der Voraussetzung beruht, dass das Wissen das Tor zum Glück sei.

Die Anthropozän-These unterstellt, dass der Mensch nicht nur die Erde verändert, sondern dass er auch verstanden hat, wie er sie verändert und nach welchen Gesetzmäßigkeiten sie überhaupt funktioniert. Natürlich geben auch die Vertreter dieser These zu, dass sie noch nicht alles wissen. Aber das Nicht-Gewusste, von dem sie sprechen, ist lediglich ein Noch-Nicht-Gewusstes. So behält das Wissen die Oberhand. Das Problem ist jedoch, dass wir, wenn wir die Erde als einen Apfel betrachten, mit unserem Verstehen gerade erst die Schale durchdrungen haben, aber mit unserem Verhalten bereits den Kern des Apfels verändern.[4]

Dass das Wissen des Nichtwissens die Basis von Selbstreflexivität ist, davon besitzen die Anthropozäniker kein Wissen. Das Wissen des Nichtwissens entlarvt vermeintliches Wissen als Scheinwissen. Der berühmte Ausspruch des Sokrates bringt dies bekanntlich zum Ausdruck: »Ich weiß, dass ich nicht weiß.« Oder man denke an Nicolaus von Kues und seine Rede von der *docta ignorantia*, der belehrten Unwissenheit.

---

3 | Vgl. ders., Im Schatten des Wissens?, a.a.O., 11.

4 | Dieses Bild verdanke ich dem Astrophysiker Erwin Sedlmayr.

Die moralische Dimension des Nichtwissens

Was wir heute, gerade angesichts der Klimakrise, benötigen, ist nicht nur das Wissen von einem unbewussten Nichtwissen, das unser Handeln begleitet, sondern ein Sensus für die Bedeutung eines konstitutiven Nichtwissens. Dieses Nichtwissen ist, wie im Folgenden dargestellt wird, nicht zuletzt die Voraussetzung für die Entstehung eines starken Verantwortungsgefühls. Man denke nur an die Liebe. Gründet diese nicht gerade darin, dass man den Anderen/die Andere nicht kennt, sondern dasss er/sie sich mir in seiner/ihrer Andersheit entzieht und dadurch erst mein Begehren erweckt – ein Begehren, das nicht gestillt werden kann und sich deshalb vom bloßen Bedürfnis unterscheidet, das auf Befriedigung ausgerichtet ist? Liebe ist, wie der Philosoph Emmanuel Lévinas vor Augen führt, ein unstillbares Begehren, da es mit der Idee des Unendlichen gleichursprünglich verbunden ist.

Der Philosoph Andreas Hetzel weist auf das für die Ökologie und die Umweltwissenschaften konstitutive Nichtwissen hin, das sich aus der Biodiversität ergibt. Dieses Nichtwissen muss als »mögliche normative Ressource veranschlagt werden«. Demnach hätten wir also andere Lebewesen und ihre Assoziationsformen aufgrund unseres ökologischen Nichtwissens zu respektieren. Es ist diese epistemologische Entzogenheit, so Hetzel, aus der eine moralische Verbindlichkeit erwachsen könnte.

»Ganz unabhängig davon, ob nichtmenschlichen Akteuren bestimmte moralisch relevante Eigenschaften wie Reflexions- und Leidensfähigkeit zukommen, müssen wir Arten und Ökosystemen ein evolutives Potenzial unterstellen, dessen Ziele und Richtungen sich uns entziehen, das aber gerade deshalb unsere Achtung verdient.«[5]

5 | A. Hetzel, Die Biodiversitätskrise als Herausforderung für die Umweltethik, in: fiph-Journal 16/2010, 10-11, 11.

Neben diesen Formen des Nichtwissens gibt es auch ein Recht auf Nichtwissen, das dem Schutz vor verfügbarem Wissen dient, welches die Autonomie der Lebensführung bedroht.[6] Auch das Recht auf Nichtwissen kommt in der transhumanistischen Fortentwicklung der Anthropozän-These nicht vor.

Das Verhältnis von Wissen und Nichtwissen

An die Adresse der Anthropozäniker wäre die Frage zu richten, »ob nicht das Verhältnis von Wissen und Nichtwissen neu bewertet und der prinzipielle Vorrang, der dem Wissen in der Regel gegeben wird, überprüft und relativiert werden müsse«.[7] Nichtwissen ist allerdings alles andere als ein homogenes Phänomen: »Wo die einen von grundsätzlich unhintergehbarem, undurchdringlichem ›Nicht-Wissen-Können‹ ausgehen, unterstellen andere eine durchaus vermeidbare, fahrlässige Unwissenheit.«[8] Darüber hinaus verweist Nichtwissen »auf Bereiche jenseits der abschätzbaren und damit prinzipiell bekannten Risiken, es hält unter Umständen ›radikale Überraschungen‹ bereit, die den durch Risikokalkulationen konstituierten Erwartungshorizont und Handlungsrahmen gerade überschreiten und aufsprengen«.[9] In diesem Sinne könnte Nichtwissen als »Abwesenheit von Wissen« bestimmt werden.[10]

In der Wissensgesellschaft nimmt das Wissen um gewusstes Nichtwissen, aber ebenso um unerkanntes Nichtwissen zu: ›Je mehr wir wissen, desto *weniger* wissen wir, was wir nicht wissen.‹ Und damit wird fraglich, inwieweit und unter welchen Bedingungen über Nichtwissen, und vor allem über unerkanntes Nichtwissen, überhaupt etwas

6 | Vgl. P. Wehling, Im Schatten des Wissens?, a.a.O., 13.

7 | Ebd., 14/15.

8 | Ebd., 15.

9 | Ebd., 16.

10 | Vgl. ebd., 22.

›gelernt‹ werden kann […].«[11] Wir machen also die Erfahrung, dass gerade »die Steigerung des Wissens nicht zur Zurückdrängung, sondern zur Zunahme von Nichtwissen führt […].«[12] Ebendeswegen wird aber die Idee der »kontinuierlich wachsende[n] Kalkulierbarkeit der Welt brüchig«.[13]

Wer die Wechselwirkung von Wissen und Nichtwissen verstehen will, der muss auf den Zusammenhang von Erfahrungsräumen und Erwartungshorizonten, auf die Verschränkung von Vergangenheit und Zukunft, reflektieren.[14] Nichtwissen und Wissen haben nämlich immer auch mit dem Vorhandensein bzw. Nichtvorhandensein von Erfahrungsräumen zu tun, und was Wissen bzw. Nichtwissen ist, hängt zudem von bestimmten Weltwahrnehmungen ab, in denen etwas Bedeutung hat.[15]

Das Zeitalter der Nebenfolgen

Wer sich mit der Bedeutung des Nichtwissens für gegenwärtiges Handeln befasst, ist zunehmend mit einer Einsicht konfrontiert, auf die der Soziologe Ulrich Beck hingewiesen hat, dass nämlich unser Handeln mehr und mehr ein reaktives Handeln ist, ausgelöst durch unbeabsichtigte Nebenfolgen unseres Handelns. Aus diesem Grund müssen wir mehr über Reflexivität als über Reflexion nachdenken, weil Reflexivität nicht nur Reflexion, sondern auch das Wort Reflex in sich hat. Wenn wir also in einem »Zeitalter der Nebenfolgen« (Ulrich Beck) leben, dann haben wir es zentral mit diesem relativen Nicht-

11 | Ebd., 17.

12 | Ebd., 19/20.

13 | Ebd.

14 | Vgl. ebd., 24.

15 | Vgl. ebd., 25. 26.

wissen zu tun.[16] Ein solches Nebenfolgen-Wissen führt dazu, dass verschiedene Rationalitätsansprüche aufeinandertreffen und die Spannung zwischen Expertenrationalität und Expertenkritik ausgehalten werden muss. Nebenfolgen-Wissen ist zwar kein totales Nicht-Wissen, aber es beinhaltet Unbestimmtes, Ungewusstes, Kalkulierbares und Unkalkulierbares.[17] Beck unterscheidet folgende Dimensionen des Nicht-Wissens: die selektive Rezeption und Vermittlung von Risikowissen, die konkrete oder prinzipielle Unsicherheit des Wissens (in einem konkreten und prinzipiellen Sinne), Irrtümer und Fehler, das Nicht-Wissen-Können und das Nicht-Wissen-Wollen.[18]

Im »Zeitalter der Nebenfolgen« gewinnt das Nicht-Wissen einen höheren Stellenwert als das Wissen.[19] Beck bringt es auf den Punkt: »Nicht Wissen, sondern Nicht-Wissen ist das ›Medium‹ reflexiver Modernisierung.«[20] Durch dieses Nichtwissen wird »ein offenes, *multiples* Feld konfliktvoll konkurrierender Wissensakteure« konstituiert.[21] Dadurch entstehen Grundlagenkonflikte.[22] Für Beck lautet deshalb die entscheidende Frage: »Wie gehen ›wir‹ – Experten, soziale Bewegungen, Alltagsmenschen, Politiker, nicht zu vergessen Soziologen – mit (unserem) Nicht-Wissen(-Können) um?«[23]

Anstatt auf die Bedeutung des Nichtwissens zu reflektieren, gehen die Anthropozäniker wie selbstverständlich davon aus, dass es so etwas wie einen natürlichen Wissensdrang der Menschen gibt. Und in der Tat gibt es so etwas wie ein Streben nach Wissen, aber dieses ist

16 | Vgl. U. Beck, Wissen oder Nicht-Wissen? Zwei Perspektiven »reflexiver Modernisierung«, in: ders./A. Giddens/S. Lash, Reflexive Modernisierung. Eine Kontroverse, Frankfurt a.M. 1996, 289-315, 289.

17 | Vgl. ebd., 298/299.

18 | Vgl. ebd., 302.

19 | Vgl. ebd., 306.

20 | Ebd., 298.

21 | Ebd., 306.

22 | Vgl. ebd.

23 | Ebd., 315.

»nichts Natürliches [...], sondern [hat, J.M.] erklärungs- und gelegentlich auch rechtfertigungsbedürftige Gründe«; des Weiteren

»gilt es anzuerkennen, dass viele alltägliche soziale Praktiken genau deshalb erfolgreich sind, weil die beteiligten Akteure bestimmte (Wissens-)Probleme situativ mehr oder weniger bewusst ignorieren und als irrelevant ausblenden. Man muss, kurz gesagt, akzeptieren, dass Nichtwissen nicht nur ebenso rational sein kann wie Wissen, sondern auch genauso ›normal‹ ist.«[24]

Was uns heute allerdings am meisten Sorge bereitet, das sind, wie der Soziologe Klaus Peter Japp betont, Veränderungen, etwa Katastrophen, die »nicht mehr in handhabbares, nicht mehr in anschlussfähiges Wissen überführt werden« können.[25] Anders als das Risiko, das kalkulierbar ist, konfrontiert uns die Katastrophe mit dem Unkalkulierbaren. Aber »wie kann etwas kommuniziert werden, über das man buchstäblich *nichts* weiß? Es müßte sich um eine Kommunikation handeln, die genau das mitteilt [...].«[26] Dieses Nichtwissen muss nicht den Abbruch der Kommunikation zur Folge haben, solange es mit der Kommunikation über die möglichen Folgen und damit auf die Vermeidung der Katastrophe ausgerichtet ist.[27] Diesen Gedanken der unkalkulierbaren Katastrophe sucht man jedoch, wie Japp zu Recht feststellt, in Becks Verständnis von Nebenfolge vergeblich.[28]

24 | P. Wehling, Soziale Praktiken des Nichtwissens, in: Aus Politik und Zeitgeschichte, Br. 18-20 (2013), www.das-parlament.de/2013/18-20/Beilage/007.html (abgerufen am 30.08.2013).

25 | Ders., Jenseits des Wissens?, a.a.O., 474.

26 | K. P. Japp, Wie normal ist Nichtwissen? Replik zu PeterWehling: »Jenseits des Wissens?«, in: Zeitschrift für Soziologie, Jg. 31, Heft 5, Okt. 2002, 435-439, 435.

27 | Vgl. ebd., 435/436.

28 | Vgl. ebd., 437.

Reflexive Wissenspolitik

Die Anthropozäniker setzen forciert auf (natur-)wissenschaftliches Wissen. Dieses Wissen verliert aber unter den Bedingungen des Nichtwissens seine zentrale Funktion. Es »kommt also ein unhintergehbar interpretatives Moment ins Spiel. Aufgrund dessen kann die Wissenschaft alternativen Deutungen, die nicht von Wissen, sondern von unerkanntem Nichtwissen ausgehen, nicht mehr mit der überlegenen Autorität unanfechtbarer ›empirischer Behauptungen‹ entgegentreten«.[29] Gerade aus diesem Grund müssen politische Entscheidungen getroffen werden, was wiederum folgende Konsequenzen mit sich bringt:

»In politische Entscheidungen können und müssen auch nicht-kognitive Kriterien und Argumentationen miteinfließen, etwa Fragen nach dem Nutzen einer Technologie, nach ihrer sozialen Wünschbarkeit (›Wollen wir gentechnisch erzeugte Lebensmittel?‹) oder nach möglichen technischen oder nicht-technischen Alternativen.«[30]

Es ist an der Zeit, eine »reflexive Wissenspolitik« (Peter Wehling) auszuarbeiten, die die bislang selbstverständlichen Wissensordnungen kritisch befragt, vor allem diejenige der Trennung zwischen Experten und Laien.[31] Daraus ergibt sich eine »Politik des Nichtwissens«[32], die die Präferenz des Wissens in Frage stellt.

All das wird von den Anthropozänikern ignoriert. Zudem besitzen sie kein Wissen davon, dass wir nicht in erster Linie aufgrund unseres Wissens handeln. Wir müssen also nach den motivationalen Ressourcen unseres Handelns suchen. Dazu gehören letztlich

---

29 | P. Wehling, Im Schatten des Wissens?, a.a.O., 309.

30 | Ebd.

31 | Vgl. ders., Reflexive Wissenspolitik: Öffnung und Erweiterung eines neuen Politikfeldes, in: Technikfolgenabschätzung – Theorie und Praxis 3/2004, 63-71, 63.

32 | Vgl. ebd., 68.

Gefühle, aber auch Überzeugungen. Letztere »sind weder auf Resultate rationaler Argumentation reduzierbar noch völlig von ihnen abgetrennt«[33]. Wenn wir von Überzeugungen sprechen, dann »kommt eine stark affektive, an die Grundfesten unserer Identität rührende Dimension ins Spiel«.[34]

Fassen wir zusammen: Die Anthropozäniker sind der Auffassung, dass die Einsicht in die negativen Folgen des Handelns auch gleichzeitig Problemlösungsstrategien freisetzt. Sie treten als Problemlöser auf den Plan, verdrängen dabei jedoch nicht nur die Dimensionen des ungewussten Nichtwissens, sondern verkennen darüber hinaus auch unseren Handlungsspielraum. Laut Beck sind wir maßgeblich nur noch damit befasst, auf die Nebenfolgen unseres Handelns zu reagieren, und zwar so sehr, dass es uns gerade noch möglich ist, das Schlimmste zu verhindern. Unser Handeln gleicht immer mehr dem von Feuerwehrleuten und immer weniger dem von Gestaltern, die aktiv Umwelt und Gesellschaft nach bestimmten Vorstellungen verändern. Die Vertreter der Anthropozänthese unterstellen einen unterkomplexen Zusammenhang zwischen Handeln und Wissen. Demgegenüber ist auf die praktische Dimension des Nichtwissens hinzuweisen: Gerade weil wir nicht wissen, was es mit der Welt im Ganzen auf sich hat, wohin alles führen wird – kommt es doch immer anders, als man denkt –, können wir es uns nicht erlauben, nichts zu tun.[35] Des Weiteren enthält die These vom Anthropozän einen Entschuldigungsmechanismus, da nicht von konkreten Menschen in konkreten Kontexten gesprochen wird, sondern die verhängnisvolle Tat ganz allgemein der Spezies »Mensch« zugesprochen wird. Es war aber bekanntlich nicht »die Menschheit«, es waren vor allem Mitglieder der nordamerikani-

33 | H. Joas, Was sind religiöse Überzeugungen? Eine Einführung, in: ders. (Hg.), Was sind religiöse Überzeugungen?, Göttingen 2003, 9-17, 9.

34 | Ebd., 10.

35 | Vgl. dazu auch: M. Hauskeller, Verantwortung für alles Leben? Schweitzers Dilemma, in: ders. (Hg.), Ethik des Lebens. Albert Schweitzer als Philosoph, Zug 2006, 210-236, 230.

schen und europäischen Zivilisation, die die gegenwärtige Eskalation in Gang gesetzt und größtenteils zu verantworten haben. Doch anstatt die Schuldzusammenhänge konkret aufzuarbeiten und zu benennen, das heißt eine Schuldgeschichte zu schreiben und darüber ein Schuldbewusstsein auszubilden, das notwendige Voraussetzung eines Verantwortungsbewusstseins ist, welches aus einer Konversion hervorgeht, wird ein Öko-Optimismus proklamiert, der sich letztlich aus einem ungebremsten Fortschrittsoptimismus speist. Der darin zum Ausdruck kommende Mangel an Selbstreflexion wurzelt in einer Wissenschafts- und Technikgläubigkeit. Und nicht nur das: »Die nüchterne Einsicht in die zerstörerischen Kräfte des Menschen ist durch Narzissmus überdeckt – oder gar euphorisiert.«[36] Es ist nicht im Blick, dass auch der Mensch bedroht ist, und zwar dadurch, dass er vom Subjekt der technisch-zivilisatorischen Prozesse zu deren Produkt zu werden droht. Es kommt darauf an, dass wir uns aus den Zwängen der Technik befreien, aber das geschieht nicht durch die Wissenschaft, weil »die modernen Wissenschaften selbst tendenziell und nicht beiläufig technologisch [sind, J.M.], und dieser Zusammenhang gehört zur Voraussetzung ihres Erfolgs und gründet in der spezifischen Form ihres Wissens, eines Wissens nämlich, das sich zuletzt als Herrschaftswissen über Natur entlarvt«.[37]

36 | B. Wiens, Das Anthropozän: Suche nach der versinkenden Zeit. Eine Veranstaltungsreihe gibt Mikro-Antworten auf die Makro-Frage nach dem gegenwärtigen Zeitalter, in: Telepolis 10.02.2013, www.heise.de/tp/druck/mb/artikel/38/38436/1.html (abgerufen am 10.07.2014).

37 | J. B. Metz, Glaube in Geschichte und Gesellschaft. Studien zu einer praktischen Fundamentaltheologie, Mainz 41984, 89.

IV. Katastrophen-Blindheit

Für Christian Schwägerl ist klar: »Wer die Apokalypse predigt, fordert sogar noch zu verantwortungslosem Handeln auf. [...] Ein positives Gegenbild zum heutigen Krisenplaneten ist nötig: nicht die Angst vor dem Untergang sollte das Handeln leiten, sondern das Ziel einer globalen Regeneration.«[1] Aber leiden wir wirklich an einer Apokalpyseangst oder nicht viel mehr an einem Mangel an Katastrophensensibilität? Hat nicht das euphemistische Reden von Risiken dazu geführt, dass wir der Katastrophe ausgewichen sind? Das Wissen, in der Risikogesellschaft zu leben, hat schließlich nicht dazu beigetragen, den Klimawandel zu verhindern.[2] Wir leiden nämlich an einem Mangel an Katastrophensensibilität, weil wir apokalypseblind sind. Wir sind es gewohnt, von Risiken zu sprechen. Risiken sind kalkulierbare Unsicherheiten. Hingegen reden wir zu wenig über Katastrophen. Katastrophen sind unkalkulierbare Ereignisse. Das Wort stammt bekanntlich aus dem Griechischen. Dort ist mit ihm ein Ereignis bezeichnet, »das die jeweilige Ordnung verkehrt, ›nach unten wendet‹, das heißt nachhaltig zerstört«. Das heißt: »Katastrophen resultierten in ›Schäden, die irreparabel

---

1 | C. Schwägerl, Menschenzeit. Zerstören oder gestalten?, in: www.menschenzeit.de/index.php?/buch.html (abgerufen am 21.06.2013).

2 | Vgl. zu den folgenden Überlegungen meinen Aufsatz: Klimakatastrophe und Apokalypseblindheit. Ein philosophisch-theologischer Beitrag zur Klima- und Energiedebatte nach Fukushima, in: F. Ekardt (Hg.), Klimagerechtigkeit. Beiträge zur sozialwissenschaftlichen Nachhaltigkeitsforschung. Bd. 2, Marburg 2012, 141-147.

sind‹.«[3] Der Begriff des Risikos reicht also für unseren Zusammenhang nicht mehr aus. Zudem ist er mittlerweile in der Alltagssemantik zu einer »dekorativen Floskel für das Wort ›Gefahr‹ geworden«.[4] Im Blick auf die Atomkraftwerke haben wir vom »Restrisiko« gesprochen, also von einer »kalkulierbaren Unsicherheit«. Das Risiko wurde als GAU bezeichnet, als größter anzunehmender Unfall. Zum Begriff des Super-Gaus gehörten bis vor kurzem die Bilder von Tschernobyl und zu Tschernobyl die Bilder von einer technisch rückständigen Sowjetunion. Durch Fukushima wurde der Begriff des Super-Gaus mit dem der nuklearen Katastrophe in einer hochtechnisierten Industriegesellschaft verbunden. Dieses Bild hat unsere Wahrnehmung verändert. Welche Bedeutung Bilder haben, sehen wird daran, dass dieses neue Bild in Deutschland die Energiewende ausgelöst hat. Aber die Transformation unseres Energiesystems folgt immer noch den alten Handlungsmustern: also *business as usual*. Wir sind immer noch technikgläubig und wachstumsbesessen. Wir haben also trotz Fukushima keine Katastrophensensibilität ausgebildet.

Apokalypse-Blindheit

Die Fähigkeit, katastrophensensibel zu werden, setzt voraus, dass das, was der Technikphilosoph Günther Anders als »Apokalypse-Blindheit« bezeichnet hat, aufgebrochen wird. Mit dem Begriff »Apokalypse-Blindheit« wird die Unfähigkeit diagnostiziert, sich eine Katastrophe als Katastrophe vorzustellen. Günther Anders hat

3 | T. Borsche, »Ein seinsgeschichtlicher Deutungsversuch der Atompolitik Japans und Deutschlands«, 20.09.2013 (unv. Vortrag), zit.n.: K. Akitomi, Kerntechnik denken – Ausgehend von den Technikdiskursen bei Heidegger, in: http://philosophie-indebate.de/tag/katsuya-akitomi/ (abgerufen am 01.05. 2014).

4 | So M. Douglas, zit.n.: Z. Bauman, Postmoderne Ethik, Hamburg 1995, 298 Fn 14.

mit diesem Begriff auf den Abwurf der Atombombe reagiert.[5] Angesichts von Hiroshima und Nagasaki stellte er die Frage, ob wir nicht mittlerweile in einer Welt leben, die nicht mehr die unsrige ist, die nicht für uns gebaut ist, obwohl sie von uns erbaut ist, die nicht für uns produziert, aber von uns produziert ist.[6]

Für das Verständnis der Apokalypse-Blindheit ist die Erkenntnis bedeutsam, dass der Mensch kleiner ist als er selbst – und das in zweierlei Hinsicht: Erstens ist er kleiner, weil er weniger vorstellen als herstellen kann.[7] Der Mensch vermag durch seine Technik Tausende zu töten, zu beweinen und zu betrauern vermag er aber nur einen.[8] Zweitens kann der Mensch den Zustand verlorener Unschuld nicht wiederherstellen, denn er ist unfähig, »das einmal Gekonnte nicht mehr zu können. Nicht an Können fehlt es uns also, sondern an Nichtkönnen.«[9]

Die sinnlichen Grundlagen der Moral

Der Gedanke der Apokalypse-Blindheit offenbart die Grundlagen der Moral, da die Gefahr einer strikten Trennung von Erkenntnis und Sinnlichkeit deutlich wird.[10] Sinnliche Erfahrung ist wertend: Etwas erscheint vertraut, unvertraut, anziehend, abstoßend, ange-

5 | Vgl. G. Anders, Die Antiquiertheit des Menschen. Bd. 1: Über die Seele im Zeitalter der zweiten industriellen Revolution, München 71988, 276.

6 | Vgl. L. Lütkehaus, Philosophieren nach Hiroshima. Über Günther Anders, Frankfurt a.M. 1992, 21.

7 | Vgl. G. Anders, Die Antiquiertheit des Menschen. Bd. 1, a.a.O., 45.

8 | Vgl. ebd., 17, 267.

9 | Ders., Die Antiquiertheit des Menschen. Bd. 2: Über die Zerstörung des Lebens im Zeitalter der dritten industriellen Revolution, München [4]1988, 395.

10 | Vgl. dazu: M. Hauskeller, Auf der Suche nach dem Guten. Wege und Abwege der Ethik, Zug 1999, 116.

nehm, unangenehm.[11] Es ist nicht zuletzt dieses Betroffensein, das den Menschen aus der Gleichgültigkeit herausreißt.[12] Bewusstsein ist Bewusstsein von etwas, und dieses Bewusstsein ist als Bewusstsein von etwas immer schon involviert, affektiv in Welt eingebunden. In etwas involviert zu sein, heißt fühlen.[13] Das Gefühl ermöglicht das Bewusstsein von etwas, das Bewusstsein von Wirklichkeit. Schwindet sinnliche Erfahrung, dann schwindet Wirklichkeitsbewusstsein.[14] Ein Mangel an Wirklichkeitsbewusstsein fördert Apokalypse-Blindheit. Der Philosoph Michael Hauskeller hat die Reduktion von Wirklichkeit durch den Mangel an Sinnlichkeit und deren Konsequenzen folgendermaßen beschrieben:

»Jeder Pilot, der im Begriff ist, eine Bombe auf ein bewohntes Gebiet abzuwerfen, weiß, was er tut, und weiß es doch nicht. Er weiß, dass dort unten Menschen sind und dass ein Großteil von ihnen in Folge des Bombenabwurfes sterben wird. Aber das Menschsein dieser Menschen ist ihm nur ein Begriff, keine begegnende Wirklichkeit [...]. Die herrschende Sprachregelung tut das ihre, um den Akt der Vernichtung vor dem Bewußtsein des Handelnden zu verbergen [...]. Die Opfer werden nicht mehr in ihrer Singularität und somit auch nicht mehr in der Tatsächlichkeit ihrer Existenz erfaßt, denn abstraktes Wissen ist immer Wissen des Allgemeinen, niemals des Besonderen. Wirklich aber ist nur das Besondere, nicht das Allgemeine.«[15]

Wir müssen vom Wissen zur Erkenntnis voranschreiten. Dazu ist es aber unabdingbar, über die Blockaden nachzudenken, die diesen Schritt verhindern. Von Hegel stammt die Einsicht: »Das Bekannte überhaupt ist darum, weil es *bekannt* ist, nicht *erkannt*.«[16] Im Blick auf den Menschen bedeutet dies: Einen Menschen nur als Men-

11 | Vgl. ebd., 116.

12 | Vgl. ebd., 116/117.

13 | Vgl. A. Heller, Theorie der Gefühle, Hamburg 1980, 1984.

14 | Vgl. M. Hauskeller, Auf der Suche nach dem Guten, a.a.O., 117.

15 | Ebd., 122.

16 | G.W.F. Hegel, Phänomenologie des Geistes, Frankfurt a.M. 1986, 35.

schen zu wissen, reicht nicht aus. Wir müssen ihn als Menschen erfahren, uns von ihm betreffen lassen.[17] Allgemeines, abstraktes Wissen schützt nicht davor, andere Menschen zu verletzen.[18]

Sinnliche Erkenntnis zeichnet sich dadurch aus, dass sie aufgrund der Nähe, die sie zu den Menschen, den Tieren, den Pflanzen und zu allem, was sie wahrnimmt, besitzt, nicht nur ein Wissen hat, sondern auch eine Erfahrung. Durch sinnliche Erkenntnis werden Menschen in die Lage versetzt, wahrzunehmen, dass dieser Mensch nicht ein Alter Ego ist, sondern einen Eigennamen besitzt, mithin ein Anderer ist, dass dieses Tier nicht bloß Vieh ist, dass diese Pflanze nicht bloß Gewächs ist, sondern dass dieser Mensch, dass dieses Tier, dass diese Pflanze etwas ist, das jeweils sein bzw. ihr Leben lebt.[19]

Die sinnliche Wahrnehmung »ist die Quelle der Moral. Versiegt sie oder wird sie zeitweise oder dauerhaft verstopft, so dass die allgemeinen moralischen Grundsätze von der Wahrnehmung abgeschnitten werden, verlieren sie ihre Wirkungskraft.«[20] Ist die Erfahrung zerstört, wird Verhalten zerstörerisch.[21] Hauskeller stellt fest, dass wir, »um einen moralischen Grund zu haben, einem leidensfähigen Lebewesen *kein* Leid zuzufügen, [...] ein doppeltes Wissen [benötigen, J.M.], nämlich erstens, dass es falsch ist, einem leidensfähigen Wesen Leid zuzufügen, und zweitens, dass es sich bei dem gegebenen Lebenswesen um ein solches leidensfähiges Wesen handelt (von dem ich weiß, dass es falsch ist, ihm Leid zuzufügen).«[22] Der Mensch muss die Vulnerabilität des Anderen sehen

17 | Vgl. M. Hauskeller, Auf der Suche nach dem Guten, a.a.O., 117.

18 | Vgl. ebd.

19 | Vgl. dazu: M. Hauskeller (Hg.), Ethik des Lebens, a.a.O.

20 | Ders., Auf der Suche nach dem Guten, a.a.O., 144.

21 | Vgl. dazu: R. D. Laing, Phänomenologie der Erfahrung, Frankfurt a.M. [11]1981.

22 | M. Hauskeller, Auf der Suche nach dem Guten, a.a.O., 140/141.

können.[23] Dazu bedarf es der Nähe zum Anderen. Das Problem ist allerdings, dass das menschliche Auge blind ist und dass die Phänomene sich nicht mehr zeigen. Sie rücken uns nicht auf den Leib. Die Nutztiere, von denen wir leben, werden in Entfernung gehalten und getötet. Auch der Klimawandel ist zumindest für uns hierzulande keine sinnlich erfahrene Wirklichkeit. »Wenn wir wirklich sähen, was wirklich ist, schwänden unsere schönen optischen Täuschungen dahin, hätten wir mehr realistische Angst.«[24] Aus diesem Grund gilt der Imperativ: »Verdränge nicht, sondern kultiviere Deine Angst.«[25] Ein solcher Imperativ verstört die Gestimmtheit des Optimismus in der Risikogesellschaft zutiefst. Optimismus ist der bewusste oder unbewusste Versuch, Katastrophen zu überspielen. Heiner Müller hat dies treffsicher formuliert: »Optimismus ist Mangel an Information.« Optimismus und Pessimismus – das sind nicht zwei unterschiedliche Modi, sondern jeweils zwei Seiten einer Medaille.[26]

Analphabeten der Angst

Mit dem Begriff »Apokalypse-Blindheit« wird die Unfähigkeit indiziert, das von uns Hergestellte emotional nachvollziehen zu können. »Weil die Angst eine Emotion ist, [...] kommt selbstverständlich

---

23 | Vgl. Z. Bauman, Dialektik der Ordnung. Die Moderne und der Holocaust, Hamburg 1992, 207.

24 | E. Brock, Fukushima 2011 als Augenöffner für Apokalypseblinde? Eine Erinnerung an Günther Anders' Warnung der atomaren Drohung aus traurigem Anlass, in: Humanitas. Beiträge der Geisteswissenschaften 2/2014.

25 | G. Anders, zit.n.: L. Lütkehaus, a.a.O., 30.

26 | J. Manemann, Vom Eingang des Nichts in die Zeit. Wider den Zynismus, das Ressentiment und die Resignation, in: B. Seat-Liver (Hg.), Utopie heute I. Zur aktuellen Bedeutung, Funktion und Kritik des utopischen Denkens und Vorstellens, Fribourg 2007, 55-78, 62.

auch unsere Angst nicht mehr mit.«[27] Es gibt mithin ein Gefälle »zwischen der Angst, die wir aufzubringen im Stande sind, und der Angst, die wir im Hinblick auf unsere Situation eigentlich aufbringen müssten«.[28] Günther Anders spricht vom »Zeitalter der Unfähigkeit zur Angst«[29]: »[...] gemessen an dem Quantum Angst, das uns eigentlich geziemte, das wir eigentlich aufzubringen hätten, sind wir einfach *Analphabeten der Angst*«.[30] Der Philosoph Eike Brock weist auf das moralische Hintergrundmotiv dieses Analphabetismus hin, wenn er Anders zitiert: »Was ich nicht kann, geht mich nichts an.«[31] Wie soll etwas angehen, über das man nicht verfügt?[32] Da Menschen meinen, nicht mehr dagegen handeln zu können, tun sie so, als ob sie davon nichts wüssten.[33] Oder sie reden die Katastrophe klein. Letzteres zeigt sich deutlich im Blick auf die Klimakatastrophe, die zum Klimawandel entdramatisiert wird. Dabei stellt die Klimakatastrophe eine radikale und neue Herausforderung dar. Sie unterscheidet sich von anderen Katastrophen dadurch, dass sie nicht nur im ethischen Sinn alle Menschen angeht, sondern alle Menschen direkt betrifft – und zwar sowohl die heute als auch die zukünftig Lebenden. Die Klimakatastrophe ist ein globales Geschehen, das mehr bezeichnet als klimawissenschaftliche Problemzusammenhänge.[34] Das Zusammenleben der Menschen insgesamt wird durch den »Klimawandel« verändert: »Klimawandel« – und das kann man sich gar nicht häufig genug vor Augen

---

27 | E. Brock, a.a.O.

28 | Ebd.

29 | G. Anders, Die Antiquiertheit des Menschen. Bd. 1, a.a.O., 265.

30 | Ebd.; vgl. dazu auch: E. Brock, a.a.O.

31 | G. Anders, Die Antiquiertheit des Menschen. Bd. 1, a.a.O., 284; vgl. dazu auch: E. Brock, a.a.O.

32 | Ebd., 285; vgl. dazu auch: E. Brock, a.a.O.

33 | Vgl. E. Brock, a.a.O.

34 | Vgl. dazu: E. Bohlken/V. Drell/M. Dröscher/T. Hoffmann/A. Holzknecht/J. Manemann, Kirche – Kernenergie – Klimawandel. Eine Stellungnahme mit Dokumenten, Berlin ^{2}2011.

führen – bedeutet Ungerechtigkeit, Tod, Krieg.[35] Wenn kulturelle Lebensformen von Menschen entwickelt werden, um einander davon zu überzeugen, dass das Leben lebenswert und erhaltenswert ist, dann zeigt der »Klimawandel«, dass mit unseren kulturellen Lebensformen etwas zutiefst nicht mehr stimmt.

Wider die Katastrophendidaktik

Im Zusammenhang der Rede von der Apokalypse-Blindheit sei auch daran erinnert, dass die biblisch-apokalyptischen Texte zu Unrecht bezichtigt werden, Ängste zu schüren und Katastrophen herbeizusehnen.[36] Auch wenn sie innerhalb revolutionärer Bewegungen häufig in dieser Art und Weise zitiert wurden, so ist darauf hinzuweisen, dass sie in Situationen entstanden sind, in denen der Zukunftshorizont sich radikal verdunkelt hatte. Prominent sind das Buch Daniel und die Johannes-Apokalypse. Die frühjüdische Apokalyptik entstand zwischen dem 2. Jh. vor und dem 1. Jh. nach Christus, in Zeiten unsäglicher Unterdrückung.[37] Der Apokalyptiker war nicht ein Voyeur des Untergangs.[38] Im Gegenteil! Apokalyptisches Denken ist der Versuch, Handeln in einer ausweglosen Situation möglich zu machen. Dadurch lässt die Apokalyptik in einer hoffnungslosen Situation Unmögliches aufblitzen und relativiert so die Hoffnungslosigkeit radikal.

Apokalyptisches Denken ist nicht katastrophenverliebt, sondern *katastrophensensibel*. Apokalyptik ist keine Katastrophendidaktik. Eine

35 | Vgl. H. Welzer, Klimakriege. Wofür im 21. Jahrhundert getötet wird, Frankfurt a.M. 2008.

36 | Vgl. dazu: J. Manemann, Rettende Erinnerung an die Zukunft. Essay über die christliche Verschärfung, Mainz 2005, 47-66.

37 | Vgl. K. Müller, Studien zur frühjüdischen Apokalyptik, Stuttgart 1991.

38 | Vgl. G. Anders, Die Antiquiertheit des Menschen. Bd. 1, a.a.O., 233-353.

Katastrophendidaktik verspürte angesichts von Fukushima noch die listige Sympathie mit dieser Katastrophe, ginge sie doch davon aus, dass mit dem Knall didaktische und gesinnungswandelnde Energie einhergingen.[39] Eine Katastrophendidaktik belegt die Katastrophe mit Sinn. Sie rechtfertigt Katastrophen, statt Antworten auf Katastrophen zu geben. Katastrophen mit Sinn belegen – das ist den Leidenden erlaubt, aber nicht den Tätern und Zuschauern. Das Leiden anderer mit Sinn zu belegen, ist der Boden der Unmoral.

Für eine aufgeklärte Apokalyptik

An der Zeit ist eine »aufgeklärte Apokalyptik« (Jean-Pierre Dupuy). Diese zielt mit ihren Vorhersagen darauf ab, Änderungen möglich zu machen, so dass das Vorausgesagte eben nicht eintritt: »Das Vorausgesagte war folglich nicht bloß eine leere Möglichkeit, die nie Wirklichkeit wurde, sie hat vielmehr tatsächlich gewirkt und die Geschichte verändert. Die Zeit des Entwurfs ist etwas Reales und eröffnet den Raum der Geschichte.«[40] Es kommt dabei nicht darauf an, »Katastrophen richtig vorauszusehen, sondern daran zu glauben«.[41] Wegen der Konsequenzen für das Fortschrittsdenken, das uns so lieb und teuer geworden ist, trauen wir uns aber nicht, das zu glauben, was wir wissen.[42]

Eine aufgeklärte Apokalyptik entwirft ein Bild der Zukunft, »das einerseits genügend katastrophenhaft ist, um abstoßend zu wirken, und anderseits als genügend glaubhaft erscheint, um Aktionen auszulösen, die seine Realisierung wahrscheinlich verhin-

39 | Vgl. zur Katastrophendidaktik: P. Sloterdijk, Eurotaoismus. Zur Kritik der politischen Kinetik, Frankfurt a.M. 1989, 106.

40 | R. Schwager, Aufgeklärte Apokalyptik: Religion, Gewalt und Frieden im Zeitalter der Globalisierung, in: W. Palaver/A. Exenberger/K. Stöckl (Hg.), Edition Weltordnung – Religion – Gewalt 1, Innsbruck 2007, 23-38, 36.

41 | Ebd., 34.

42 | Vgl. ebd.

dern«.[43] Statt einer aufgeklärten Apokalyptik plädiert Ulrich Horstmann für »eine Eventualphilosophie, das ist Philosophie für den GAU, für den schlimmsten anzunehmenden Unfall«[44]. Eine solche Philosophie schreibt den Nachruf zu Lebzeiten, da nach dem Unfall niemand mehr da sein wird, der das übernehmen könnte.[45] Eine Eventualphilosophie wird von jemandem geschrieben, der, so formuliert es Horstmann, ein Außerirdischer in dem Sinne ist, dass er sich nicht dazugehörig fühlt, der es ablehnt, Teil von Fressen und Gefressenwerden zu sein.[46] Hingegen ist der aufgeklärte Apokalyptiker in die Welt verstrickt. Er sucht nach einer anderen Geschichte in dieser Geschichte.

43 | Ebd., 36.

44 | U. Horstmann, in: Das Philosophische Radio im WDR 5. Thema: Das Untier, vom 17.07.2009.

45 | Ebd.

46 | Ebd.

V. »Dass es *so* weiter geht, ist die Katastrophe.«

(Walter Benjamin)

In dem neuen Bericht an den Club of Rome schreibt der Klimaforscher Jørgen Randers:

»Der ökologische Fußabdruck überstieg im Jahr 2010 die Tragfähigkeit der Erde um 40 Prozent, oder anders ausgedrückt: Die Menschheit verbrauchte (und tut es immer noch) 1,4 Erden, um ihren Bedarf an Getreide, Fleisch, Holz, Fisch, Siedlungsfläche und Energie zu decken. Diese Zahlen basieren auf einer sehr zurückhaltenden Schätzung des menschlichen Einflusses. [...] Die aktuelle Grenzüberziehung ist möglich, weil in den Fußabdruck die Waldfläche einberechnet wird, die gebraucht würde, um alles CO_2 zu absorbieren, das wir bei der Energieerzeugung ausstoßen. Diese Waldfläche gibt es nicht und das CO_2 wird nicht vollständig in Baumwachstum umgesetzt.«[1]

In der internationalen Debatte nennt man das »overshoot«, überschreiten, über das Ziel hinausgeschossen sein. Wir sind über das Ziel hinausgeschossen. Wir alle wissen das, und wir wissen auch, dass es so nicht weitergehen kann. Unsere Zeit droht aus den Fugen zu geraten. Wir wissen, dass die Klimakatastrophe nicht etwas ist, das uns bevorsteht, das uns droht, sondern dass die Klimakatastrophe bereits begonnen hat. Wir wissen auch, was wir hätten tun müs-

---

1 | J. Randers, 2052. Der neue Bericht an den Club of Rome. Eine globale Prognose für die nächsten 40 Jahre, München 2012, 178.

sen, um sie zu verhindern. Und wir wissen, was wir jetzt eigentlich tun müssten.

In dem neuen Bericht an den Club of Rome heißt es weiter:

»Als Folge des Anstiegs der globalen Durchschnittstemperatur um 2°C bis zum Jahr 2052 wird die Menschheit in den kommenden Jahrzehnten mit ernsthaften klimatischen Auswirkungen zu kämpfen haben. Es wird zu extremen Wetterereignissen kommen, ungewöhnlichen Hochwassern, wiederholten Dürreperioden; es wird an ungewohnten Orten zu Erdrutschen kommen, und Wirbelstürme, Orkane und Zyklone werden ungewöhnliche Routen nehmen. Korallenbleiche, Waldsterben und neuartige Insektenplagen werden weitere Auswirkungen sein. Die Aufregung in der Öffentlichkeit wird jedes Mal groß sein und die Menschen werden immer ängstlicher in die Zukunft blicken. Aber in den meisten Fällen werden die kurzfristigen Kosten für wirkungsvolle Gegenmaßnahmen unakzeptabel hoch erscheinen und daher werden solche Maßnahmen nach ›reiflicher Überlegung‹ aufgeschoben werden. Nur sehr langsam wird sich angesichts der endlosen Folge extremer Wetterereignisse eine politische Mehrheit finden, die effektive Maßnahmen unterstützt. Erst nach Jahrzehnten wird sich die Gesellschaft für zusätzliche freiwillige Investitionen entscheiden, die notwendig sind, um die Emissionen wirkungsvoll zu verringern. [...] der Meeresspiegel wird um über 30 Zentimeter ansteigen. [...] Die weltweite Klimaerwärmung wird auch ästhetische Werte zerstören: Die Folge könnte eine hässliche Mischung aus sterbenden Ökosystemen (zum Beispiel gebleichte Korallenriffe und von Borkenkäfern befallene immergrüne Wälder) und die Eroberung von Lebensräumen durch Eindringlinge aus Äquatornähe sein [...].«[2]

Der Philosoph Walter Benjamin hat es klar und deutlich auf den Punkt gebracht: »Dass es *so* weiter geht, ist die Katastrophe.« Das *business as usual* setzt sich immer wieder durch. Schreckensmeldungen über die Klimakatastrophe, über das rasante Tier- und Pflanzenartensterben, darüber, dass unsere Enkelkinder von Eisbären in freier Wildbahn vermutlich nur noch aus dem Geschichtsunterricht

2 | Ebd., 152/153.

erfahren werden, beunruhigen uns für einen kurzen Augenblick – dann geht unser Leben wieder seinen Gang.

Und nicht nur das: Jared Diamond weist darauf hin, dass Menschen vielfach in Krisensituationen genau die Strategien intensivieren, die sie in die Krise gebracht haben und denen sie bis zu dem Zeitpunkt erfolgreich gefolgt sind.[3] Genau das praktizieren wir heute erneut, wie Harald Welzer betont: Wird das Öl knapp, denken wir darüber nach, wie wir mit großem Aufwand noch tiefer bohren können, um neue Quellen zu erschließen.[4] Oder blicken wir auf die Energiewende: Die Frage der Energieerzeugung ist immer noch der Frage nach dem Energiebedarf vorgeordnet. Wozu aber brauchen wir Energie?[5] – statt diese Frage zu stellen, forschen wir danach, wie wir unseren Lebensstandard halten können. Walter Benjamin hat recht, die Katastrophe ist, dass es immer *so* weiter geht. Aber es stimmt auch, dass es nicht länger *so* weiter gehen wird. Dennis Meadows, Autor des vor 40 Jahren veröffentlichten Buches *Grenzen des Wachstums*, hat diese Einsicht kürzlich in folgendes Bild gepresst:

»Dass die Welt sich verändern wird, steht außer Frage – und damit auch, dass wir uns mit ihr ändern. Entweder erkennt man rechtzeitig die Notwendigkeit für Veränderungen und leitet sie ein, oder man wird später dazu gezwungen. Stellen Sie sich vor, Sie fahren mit Ihrem Auto durch eine Fabrikhalle, und Sie können nicht wenden. Sie können entweder bremsen oder

---

3 | Vgl. dazu: H. Welzer, in: Harald Welzer über Zukunft, in: Süddeutsche Zeitung v. 02./03.03.2013; ferner: J. Diamond, Kollaps. Warum Gesellschaften überleben oder untergehen, Frankfurt a.M. [2]2012, 103-153.

4 | Vgl. Harald Welzer über Zukunft, a.a.O.

5 | Vgl. ders., Futur Zwei. Die Wiedergewinnung der Zukunft, in: ders./S. Rammler (Hg.), Der Futur Zwei Zukunftsalmanach 2013. Geschichten vom guten Umgang mit der Welt. Schwerpunkt Mobilität, Frankfurt a.M. 2012, 13-44, 42.

gegen die Wand fahren. Anhalten werden Sie in jedem Fall. Denn das Gebäude ist so endlich wie die Ressourcen der Erde.«[6]

Um von diesen Grenzen ein Wirklichkeitsbewusstsein zu entwickeln, sollten wir anfangen, Geschichten über unsere Zukunft zu erzählen, und zwar so, als ob wir auf die Zukunft zurückblicken würden, wissen wir doch, dass uns nicht Informationen zum Handeln bewegen. Erzählungen, Geschichten sind vielfach die motivationalen Quellen unserer Handlungen. Wir benötigen eine narrativ-antizipatorische Retrospektive über den Zustand der Welt in 50 Jahren. Solche Erzählungen würden uns dazu bewegen, in die Zukunft vorauszulaufen.[7] Dieser Vorlauf in die Zukunft wird Fragen mit sich bringen: Was werden unsere Kinder und Enkelkinder zu uns sagen? Werden ihnen unsere Gründe, die wir zu unserer Verteidigung anführen, einleuchten? Ja, was können wir ihnen überhaupt entgegnen?

Auf der Basis einer vorwegnehmenden Rückschau dämmert uns: Wir werden wohl als die erste Generation in die Geschichte eingehen, die die Möglichkeit gehabt hätte, das Blatt zu wenden – die aber versagt hat. Aber uns wird noch ein Weiteres durch eine solche Rückschau deutlich: Wir müssen uns vom Paradigma der Nachhaltigkeit verabschieden.

---

6 | »Für eine globale Mobilmachung ist es zu spät«. Interview mit Dennis Meadows, in: Der SpiegelOnline v. 04.12.2012, www.spiegel.de/wissenschaft/natur/grenzen-des-wachstums-interview-mit-dennis-meadows-a-870238.html (abgerufen am 03.09.2013).

7 | Vgl. dazu auch: C. Leggewie/H. Welzer, Das Ende der Welt, wie wir sie kannten. Klima, Zukunft und die Chancen der Demokratie, Frankfurt a.M. [3]2009.

VI. Über Halt und Haltung

Von der *Weltkommission für Umwelt und Entwicklung* wurde nachhaltige Entwicklung bekanntlich folgendermaßen definiert: Nachhaltig ist eine Entwicklung, »die den Bedürfnissen der heutigen Generation entspricht, ohne die Möglichkeiten künftiger Generationen zu gefährden, ihre eigenen Bedürfnisse zu befriedigen und ihren Lebensstil zu wählen«.

Als Dennis Meadows 1972 sein Buch *Grenzen des Wachstums* veröffentlichte, gab es noch, wie er selbst heute rückblickend sagt, zwei mögliche Zukunftspfade für eine globale Gesellschaft: *overshoot* (Überschreitung) oder *sustainable development* (nachhaltige Entwicklung). Heute können wir festhalten, dass wir den Überschreitungspfad gewählt haben. Genau aus diesem Grund macht es keinen Sinn mehr, den Pfad nachhaltiger Entwicklung in dem o.g. emphatischen Sinn einzuschlagen.[1] Im Übrigen besitzt der Begriff »Nachhaltigkeit« schon längst keine kritische Substanz mehr, wenn er mittlerweile fester Bestandteil der Werbesprüche der Autohersteller und anderer CO_2-intensiver Unternehmen ist.

Die Welt, wie wir sie kennen, wird es zukünftig nicht mehr geben. Diese Einsicht haben Harald Welzer und Claus Leggewie prägnant in dem Buchtitel *Das Ende der Welt, wie wir sie kannten* zum

---

1 | Vgl. D. Meadows, The Limits to Growth and the Future of Humanity. Presentation at Amerika Haus On behalf of the Carson Center, München, 04.12.2012, in: www.carsoncenter.uni-muenchen.de/download/events/posters/121204_meadows_presentation.pdf (abgerufen am 02.05.2014).

Ausdruck gebracht.[2] Wir befinden uns im Übergang zu einem neuen Paradigma in der umweltethischen Debatte.

Das neue Paradigma: Resilienz

Das neue Paradigma heißt Resilienz, Widerstandsfestigkeit. Kein Geringerer als Dennis Meadows hat diesen Paradigmenwechsel angestoßen.[3] Dieser Wechsel beinhaltet eine Änderung unserer Wahrnehmungskoordinaten:

1. *Wir müssen uns mehr auf universale, weniger auf globale Probleme konzentrieren.*

Wenn wir von globalen Problemen sprechen, so beziehen wir uns beispielsweise auf den Klimawandel, die Verbreitung nuklearer Waffen, Epidemien usw. Deren Kennzeichen ist, dass sie jeden Menschen betreffen. »Sie zu lösen erfordert aber, dass viele zustimmen und gemeinsam handeln. Die Kosten dafür wirken sich jedoch erst später positiv aus.«[4] Meadows zufolge sind wir aktuell mit dem Scheitern der Lösung globaler Probleme konfrontiert. Denken wir nur an die Klimagipfel. Diese absorbieren viel Energie und bringen bislang wenig bis gar nichts. Im Gegenteil, sie produzieren Frustrationen statt Hoffnungen.[5] Universale Probleme betreffen ebenso jeden. Es gibt sie an vielen Orten weltweit: die Verschmutzung der Stadtluft, Bodenerosion, Überschwemmungen etc. »Sie zu lösen erfordert aber nur die Zustimmung und das Handeln kleiner Grup-

2 | Vgl. C. Leggewie/H. Welzer, a.a.O.

3 | Vgl. zum Folgenden: D. Meadows,The Limits to Growth and the Future of Humanity, a.a.O.

4 | Ebd.

5 | Vgl. ebd.

pen. Die Kosten im Hier und Jetzt werden hier und bald positive Auswirkungen zeitigen.«[6]

Meadows fordert darüber hinaus eine Verminderung der Umweltverschmutzung bei gleichzeitiger Fähigkeit, sich den negativen Entwicklungen anzupassen. Aus diesem Grund gilt:

2. *Wir müssen die soziokulturellen Fundamente, auf denen Handeln beruht, stärken.*

Politisches Handeln in einer Gesellschaft setzt bestimmte Grundfähigkeiten voraus. Die Philosophin Martha C. Nussbaum nennt folgende: »die Fähigkeit, mit anderen und für andere zu leben, andere Menschen zu verstehen und Anteil an ihrem Leben zu nehmen, verschiedene soziale Kontakte zu pflegen; [...] sich die Situation eines anderen Menschen vorzustellen und Mitleid zu empfinden; [...] Gerechtigkeit zu üben und Freundschaften zu pflegen«.[7]

Fehlen diese Grundfähigkeiten, ist Politik gefährdet. Und genau an dieser Stelle, wenn es um Grundfähigkeiten geht, kommt auch der zentrale Begriff des neuen Paradigmas in den Blick: Resilienz. Wir müssen nicht nur an der Ausbildung und Entwicklung der genannten Grundfähigkeiten arbeiten. Gerade in der Zeit der Klimakatastrophe kommt eine weitere Grundfähigkeit hinzu: Resilienz. Wir müssen uns, unsere Kinder und unsere Systeme resilient machen. In einem Bericht der Süddeutschen Zeitung heißt es, dass der Katastrophenschutz in Großbritannien bereits heute Resilienz bei Grundschulkindern fördert: »In Rollenspielen erfahren die Kinder, dass sie Katastrophen gegenüber nicht hilflos sind, sondern etwas tun können – angefangen beim Anruf bei ihrem allein lebenden Großvater, um ihn zu fragen, wie es ihm geht.«[8]

---

6 | Ebd.

7 | M. C. Nussbaum, Gerechtigkeit oder: Das gute Leben, Frankfurt a.M. [7]1998, 201.

8 | C. Schrader, Sicher in der City, Süddeutsche Zeitung v. 21.06.2013.

Der Begriff der Resilienz stammt aus der Psychologie und Pädagogik. Mit ihm werden bestimmte Bewältigungskompetenzen bezeichnet. Die Resilienz-Forschung fragt, »welche Bedingungen psychische Gesundheit und Stabilität bei Kindern, die besonderen Entwicklungsrisiken ausgesetzt sind, erhalten und fördern«.[9] Resilienz bezieht sich auf einen dynamischen Prozess zwischen Kind und Umwelt, in dem beide aufeinander Einfluss nehmen. Häufig wird Resilienz missverstanden als ein passives Ertragenkönnen. Es geht aber nicht um Passivität, sondern um eine Widerstandsfestigkeit, die in unvorhersehbaren Situationen Handlungsfähigkeit ermöglicht.[10] Resilienz ist nicht eine Fähigkeit, mit der wir auf die Welt kommen; und sie ist auch keine Fähigkeit, die man, einmal erlangt, für immer behält. Sie variiert im Blick auf Zeit und Situationen.[11] Resilienz in einem Fall bedeutet nicht automatisch, dass man auch in einer anders gelagerten Situation resilient ist. Zudem muss an der einmal erworbenen Fähigkeit immer wieder gearbeitet werden.[12] Resilienz ist eine proaktive Haltung, ein proaktiver Habitus.[13] Meadows versteht unter Resilienz die Fähigkeit, Schock zu absorbieren und schnell die Fähigkeit wiederzuerlangen, essentielle Funktionen auszuüben. Er denkt systemtheoretisch: »Wenn ein resilientes System fortfährt, ohne Unterbrechung zu funktionieren, dann ist es stabil. Wenn ein resilientes System das Funktionieren kurzfristig aufkündigt und dann fortsetzt, ist es flexibel. Wenn ein System nicht resilient ist, ist es brüchig, zerbrechlich.«[14] Mir geht es im Folgenden vor allem um die habituelle Dimension von Resilienz, um eine Haltung, die

9 | C. Wustmann, Die Blickrichtung der neueren Resilienzforschung. Wie Kinder Lebensbelastungen bewältigen, in: Zeitschrift für Pädagogik 51 (2005) 2, 192-206, 192.

10 | Vgl. ebd., 193.

11 | Vgl. ebd., 194.

12 | Vgl. ebd.

13 | Vgl. ebd., 197.

14 | D. Meadows, The Limits to Growth and the Future of Humanity, a.a.O.

Resilienz erzeugt. Es kommt mir also mehr auf die individuelle und soziokulturelle Dimension an. Ich möchte Resilienz verstanden wissen als ein Empowerment, das uns und vor allem unsere Kinder ermächtigt, selbst unter schwierigen Bedingungen ein humanes Leben zu führen.

Gerade angesichts der drohenden Klimakatastrophe ist es wichtig, darauf hinzuweisen, dass uns die Möglichkeit verschlossen ist, uns an einen Ort in völliger Abgeschiedenheit zurückzuziehen, und das nicht nur, weil die Klimakatastrophe globalen Ausmaßes ist, sondern auch, weil man vor Leiden im Allgemeinen nicht weglaufen kann: »Die Abgeschiedenheit kann wohl beruflichen Druck nehmen, aber sie verhindert keine persönlichen Niederlagen, schweren Krankheiten oder den Verlust des geliebten Partners. Probleme, mitunter schwerwiegende, kommen unweigerlich auf jeden Menschen zu, immer wieder und ständig neu – und oft dann, wenn man gar nicht mit ihnen rechnet.«[15] Das gilt insbesondere im Blick auf den »Klimawandel«.

Die Frage nach Resilienz ist verbunden mit der Frage nach dem guten Leben. An erster Stelle steht heute in der Erziehung nicht mehr die Frage, warum Menschen nicht mit ihrem Leben klarkommen, sondern was man braucht, um mit dem Leben klarzukommen und ein gutes Leben zu führen. Und diese Frage lässt sich nicht einfach an äußeren Faktoren festmachen.[16] Gerade in diesem Zusammenhang müssen Betroffene befragt werden. Einiges kann aber bereits festgehalten werden: Bindung ist unerlässlich.[17] Des Weiteren: »Ein Zugehörigkeitsgefühl zur Gemeinschaft, das Vertrauen in die Bedeutung der eigenen Person und des eigenen Handelns und auch der Glaube an einen höheren Sinn im Leben, all dies stärkt weiteren Studien zufolge Menschen so, dass sie Heraus-

15 | C. Berndt, Resilienz. Das Geheimnis der psychischen Widerstandskraft. Was uns stark macht gegen Stress, Depressionen und Burn-out, München 2013, 10.

16 | Vgl. ebd., 66.

17 | Vgl. ebd., 67.

forderungen besser begegnen können.«[18] Insbesondere frühzeitige Verantwortungsübernahme ist hier zu nennen. Aus der Erfahrung von Selbstwirksamkeit entsteht Selbstbewusstsein.[19] Dieses unterscheidet sich aber von einem übersteigerten Selbstbewusstsein, das Ausdruck von Instabilität ist.[20] Starksein im Sinn der Resilienz bedeutet nicht, unverwundbar zu sein. Gerade die Verbindung mit anderen Bezugspersonen setzt Empfindlichkeit für deren Anliegen voraus, die in einer alle Menschen prägenden Vulnerabilität gründet. Aus der Perspektive der Resilienz betrachtet, heißt stark sein, nicht in Frust, Trauer und Schrecken stecken zu bleiben.[21] Resilienz schützt nicht vor Zweifel und Verzweiflung.[22] Sie hat nichts mit der »Tyrannei des positiven Denkens« (Tanja Zöllner) zu tun.[23] Zudem gilt in der Resilienzforschung der Grundsatz: »Angehörige, Freunde und Bekannte dürfen von Menschen niemals erwarten, dass sie an ihren Krisen wachsen.«[24]

Resilienz setzt voraus, »dass wir Probleme, Leid und Schmerz nicht verdrängen, sondern aufmerksam wahrnehmen und annehmen, dass wir sie verarbeiten und in unsere persönliche Erlebnis- und Erfahrungswelt integrieren«.[25] Immer wieder wird in der Literatur zur Resilienz ein Sprachbild des Philosophen Albert Camus angeführt: »Mitten im Winter erfuhr ich endlich, daß in mir ein unvergänglicher unbesiegbarer Sommer ist.«[26]

Die erste Frage in der Situation der Katastrophe lautet nicht: »Was kann ich tun?«, sondern »Was kann und muss ich lassen und

18 | Ebd., 72.

19 | Vgl. ebd., 79.

20 | Vgl. ebd., 80.

21 | Vgl. ebd., 85.

22 | Vgl. ebd., 86.

23 | Vgl. ebd., 100.

24 | Ebd., 105.

25 | M. Gruhl, Die Strategie der Stehauf-Menschen. Krisen meistern mit Resilienz, Freiburg 2010, 14.

26 | A. Camus, Literarische Essays, Hamburg 1963, 188.

loslassen?«[27] An die Anthropozäniker ist die Frage zu adressieren, ob sie nicht zu den Menschen gehören, denen es an der grundlegenden Fähigkeit zur Akzeptanz mangelt, »die unablässig aktiv sind, um die Welt zu verbessern, ihren Vorstellungen Geltung zu verschaffen oder Dinge voranzutreiben [...].«[28] Solchen Menschen »fehlt das Vertrauen, dass es selbstgestaltende Kräfte gibt, sie glauben, *alles* selbst machen zu müssen. Gerade dadurch verhindern sie, dass sich Dinge entwickeln können«.[29]

Die Beschäftigung mit Resilienz führt zu einer neuen Leseart des Begriffs der Nachhaltigkeit. Der Lehrer Wilhelm von Humboldts, Joachim Heinrich Campe, definierte den forstwirtschaftlichen Fachausdruck 1809 wie folgt um: »Nachhalt ist das, woran man sich hält, wenn alles andere nicht mehr hält.«[30] Der Begriff »Nachhaltigkeit« beinhaltet hier die Dimension der Resilienz, da er als »Gegenbegriff zu Kollaps« verwendet wird.[31]

Kognitive Dissonanz

Wir leiden aber nicht nur an einer Katastrophen-Blindheit und einem Mangel an Resilienz, sondern auch an dem, was der Psychologe Leon Festinger als kognitive Dissonanz bezeichnet hat. Was ist darunter zu verstehen? Der Mensch strebt nach Konsonanz. Er möchte, dass seine Meinungen, Einstellungen und Handlungen in sich konsonant sind.[32] Aber Konsonanz ist nicht die Regel. Disso-

27 | M. Gruhl, a.a.O., 36.

28 | Ebd., 41.

29 | Ebd., 41.

30 | J. H. Campe, zit.n.: U. Grober, Auf dem Weg zur Glückseligkeit. Streifzug über das Begriffsfeld Nachhaltigkeit, in: A. Goehler (Hg.), Zur Nachahmung empfohlen. Expeditionen in Ästhetik und Nachhaltigkeit: Lesebuch, Ostfildern 2010, 143-147, 143.

31 | Vgl. ebd.

32 | Vgl. L. Festinger, Theorie der kognitiven Dissonanz, Bern ^{2}2012, 15.

nanzen bestimmen das Leben. Wir versuchen allerdings, das Dissonante wegzuerklären oder zu rationalisieren.[33] Aber nicht alles lässt sich wegerklären. Kognition meint das, was eine Person über sich selbst, über ihr Verhalten und über ihre Umwelt weiß. Wenn unsere Überzeugungen nicht mit unserem Verhalten übereinstimmen, dann richten wir unser Bestreben darauf, die Dissonanz zu reduzieren.[34]

Eine kognitive Dissonanz baut Druck auf.[35] Festinger zufolge verhält sich eine Dissonanz

> »in gleicher Weise wie ein Trieb-, Bedürfnis- oder Spannungszustand. Das Vorhandensein einer Dissonanz führt zu einer Handlung, die auf deren Reduktion hinzielt, ebenso wie z.B. Hunger zu einer Handlung führt, die den Hunger reduziert. Außerdem gilt, ähnlich wie bei den Triebhandlungen: Je größer die Dissonanz ist, desto größer wird die auf die Reduktion der Dissonanz gerichtete Intensität einer Handlung sein, und desto wahrscheinlicher werden Handlungen vermieden, welche Dissonanz erhöhen würden«.[36]

Man müsste also annehmen, dass wir unser Verhalten gemäß den Informationen, die uns zur Verfügung stehen, modifizieren.[37] Schlagen Versuche der Dissonanzreduktion fehl, dann stellen sich »Symptome psychischen Unbehagens« ein.[38] Man kann auch vermuten, dass es zu einer Dissoziation kommt, zu einer Aufspaltung, in deren Verlauf das Selbst jegliche Verantwortung für sein Handeln ablehnt und Kräfte jenseits seiner selbst dafür verantwortlich macht.

Gegenwärtig ist jedoch m.E. eher davon auszugehen, dass wir durchaus die kognitive Dissonanz wahrnehmen, uns aber in ihr

33 | Vgl. ebd., 16.
34 | Vgl. ebd., 17.
35 | Vgl. ebd., 19.
36 | Ebd., 30.
37 | Vgl. ebd., 31.
38 | Ebd., 35.

einrichten. Dazu bedarf es des Selbstbetrugs: Wir sagen Sätze, wahre Sätze, wohl wissend, dass sie nicht immun gegen ihre Kommunikation sind, und, wie der Philosoph Theodor W. Adorno schreibt, im falschen Moment zitiert, verraten werden: »Das Leben ist halt widersprüchlich.« Auf Dauer führt diese Verhaltensweise zu einem Verlust an Selbstvertrauen und an Selbstwertgefühl oder mündet in den völligen Selbstbetrug. Kognitive Dissonanz und Selbstbetrug verhindern die Ausbildung von Resilienz.

VII. Die kranke Gesellschaft

Dass es um unsere Resilienz schlecht bestellt ist, zeigt ein Blick auf Pathologien, die sich immer mehr ausbreiten:

»Burn out«, »Depression« – das sind Begriffe, die mittlerweile fester Bestandteil unserer Alltagssprache sind. Jeder von uns kennt Menschen, die darunter leiden. Mit diesen Begriffen werden nicht bloß individuelle Leiden diagnostiziert. Es handelt sich um Begriffe, die gesellschaftsdiagnostische Relevanz besitzen.

Angesichts massenhafter Ermüdungs- und Lähmungserscheinungen müssen wir die Frage stellen, ob unsere Gesellschaft Menschen krank macht. Aus diesem Grund fordert der Philosoph Axel Honneth Untersuchungen darüber, »wie ein innovativer, bis ins Kulturelle und Psychische hinein reichender Fortschrittsprozess in neue Formen der Abhängigkeit, Entmündigung und Regression umschlagen kann«.[1] Zur Erläuterung verweist er auf die Idee der individuellen Verantwortung, die zwar »einen durchaus sinnvollen, emanzipierenden Kern enthält«, aber

»heute in der Sozialpolitik und im Strafrecht unter dem Druck eines neoliberal operierenden Kapitalismus in ein neues Mittel der Disziplinierung von Subjekten um[schlägt, J.M.]. Das Ideal der individuellen Selbstverwirklichung, eine kulturelle Errungenschaft der 1960er und 1970er-Jahre,

---

1 | A. Honneth, in: M. Basaure/J. P. Reemtsma/R.Willig (Hg.), Erneuerung der Kritik. Axel Honneth im Gespräch, Frankfurt a.M. /New York 2009, 44.

gerät in der jüngsten Zeit zu einer Legitimationsinstanz für weitgehende Flexibilisierungen des Arbeitsmarktes. Was zunächst als ein normativer Fortschrittsprozess begann, schlägt unter den Zwängen einer Expansion kapitalistischer Marktrationalität in eine neue Stufe von Abhängigkeit um – das ist heute unser eigentliches Zentralmotiv«.[2]

Angesichts vielfältiger Deformierungen in der Gesellschaft spricht Honneth von »Pathologien des Sozialen«. Gesellschaften sind normal, wenn in ihnen kulturabhängig Bedingungen gelten, »die ihren Mitgliedern eine unverzerrte Form der Selbstverwirklichung erlauben«.[3] Hingegen gelten Gesellschaften als krank, wenn Lebensmöglichkeiten in ihnen deformiert werden.[4]

Der französische Soziologe Alain Ehrenberg diagnostiziert einen Zwang, man selbst werden zu müssen. Wer nur damit beschäftigt ist, er selbst zu werden, wer dem Imperativ unterliegt, nur sich selbst zu gehören, wird depressiv.[5] Ehrenberg spricht vom »erschöpften Selbst«. Aber es gibt auch, so der Philosoph Byung-Chul Han, einen systemischen Druck.[6]

Han und die Philosophin Michela Marzano kritisieren eine »freiwillige Knechtschaft« (Michela Marzano), die aus einem »Zusammenprall von Ausbeutung und Freiheit« (Byung-Chul Han) resultiert und zu einer sich beschleunigenden Ermüdung der Gesellschaft führt. »Die Gesellschaft des 21. Jahrhunderts«, so Han, »ist nicht mehr die Disziplinargesellschaft, sondern eine Leistungsgesellschaft.«[7] In dieser Gesellschaft sind wir keine Gehorsams-

2 | Ebd.

3 | Vgl. ders., Pathologien des Sozialen. Tradition und Aktualität der Sozialphilosophie, in: ders. (Hg.), Pathologien des Sozialen. Die Aufgaben der Sozialphilosophie, Frankfurt a.M. 1994, 9-69, 51.

4 | Ebd.

5 | Zu A. Ehrenberg siehe: B.-C. Han, Müdigkeitsgesellschaft, Berlin ^{6}2011, 22.

6 | Vgl. ebd., 22-24.

7 | Ebd., 19.

subjekte mehr, sondern Leistungssubjekte. Wir sind Unternehmer unserer selbst.[8] Die Leistungsgesellschaft ist eine Gesellschaft aus Fitnessstudios, Bürotürmen, Banken, Flughäfen, Shopping Malls und Genlabors.[9] Selbstausbeutung wird durch den Druck von Arbeit und Leistung derart verschärft, dass eine Erschöpfungsdepression entsteht.[10]

Albert Camus schreibt in *Der Mythos von Sisyphos*:

»Aufstehen, Straßenbahn, vier Stunden Büro oder Fabrik, Essen, Straßenbahn, vier Stunden Arbeit, Essen, Schlafen, Montag, Dienstag, Mittwoch, Donnerstag, Freitag, Samstag, immer derselbe Rhythmus – das ist sehr lange ein bequemer Weg. Eines Tages aber steht das ›Warum‹ da, und mit diesem Überdruß, in den sich Erstaunen mischt, fängt alles an. ›Fängt an‹ – das ist wichtig. Der Überdruß ist das Ende eines mechanischen Lebens, gleichzeitig aber auch der Anfang einer Bewußtseinsregung.«[11]

Ausgehend von diesem Zitat diagnostiziert Marzano heute eine Flucht vor der Warum-Frage. Die heutige Gesellschaft fragt nach dem »Wie«: »Sie will wissen, wie man ein Ziel erreicht, wie man sich entscheidet, mit welchen Mitteln etwas gelingt.«[12] Aber zunehmend bricht die Frage nach dem »Warum« auf. Wer die Frage nach dem »Warum« stellt, der sucht nach Sinn. Immer mehr Menschen stellen diese Frage.[13] Vielleicht stehen wir ja am Anfang einer neuen Bewusstseinsregung. Der Zusammenhang von Wachstum und Wohlstand wird zunehmend brüchig. Ein Blick auf hochentwickelte Gesellschaften, in denen Glück abnimmt, offenbart die Brüchigkeit

8 | Vgl. ebd.

9 | Vgl. ebd.

10 | Vgl. ebd., 22-24.

11 | A. Camus, Der Mythos des Sisyphos, Reinbek ^{2}2001, 22/23.

12 | M. Marzano in: www.arte.tv/de/philosophie-arbeit/2235124,CmC=2467552.html (abgerufen am 23.09.2013).

13 | Vgl. ebd.

dieses Zusammenhangs. Immer mehr Menschen leiden, und zwar unter Anerkennungszerfall und Sinndefiziten. Immer mehr Menschen kommen das Selbstvertrauen und das Selbstwertgefühl abhanden. Ein solcher Verlust kann Fatalismus fördern und bis zu einem Kontrollverlust über das eigene Leben führen, der nicht zuletzt auch gedankenlose Ressourcenverschwendung hinnimmt und verstärkt. Um die Kontrollfähigkeit nicht zu verlieren und der Erfahrung von Demütigung zu entgehen, müssen Menschen ein starkes Selbst ausbilden. Dazu bedürfen sie Kultur.

VIII. Achte auf dich selbst!

Die Bedeutung des Wünschenswerten

Keine Kultur kommt ohne die Einsicht aus, dass unmittelbare Bedürfnisbefriedigung schaden kann. Wir müssen lernen, zu unterscheiden: zum einen zwischen dem Bedürfen und Begehren, eine Differenz, die Emmanuel Lévinas markiert, zum anderen zwischen unseren Wünschen und dem, was wir uns wünschen zu wünschen, wie Harry Frankfurt vorschlägt, und des Weiteren zwischen schwachen und starken Wertungen, so die Forderung von Charles Taylor. Die Wünsche, die auf unmittelbare Bedürfnisse ausgerichtet sind, sind den Wünschen, die wir uns zu wünschen wünschen, nicht nur untergeordnet, sondern werden von letzteren aus beurteilt. Diese Wünsche zweiter Ordnung, wie Frankfurt sie nennt, sind es, die dem Leben einen Sinn und eine Richtung geben. Sie beziehen sich nie allein auf individuelle Wünsche, sondern immer auch auf das, was die Anderen sich wünschen. Taylor spricht, an diese Unterscheidung anknüpfend, von schwachen und starken Wertungen: Mit starken Wertungen ist die Frage verbunden, welche Art von Person ich sein möchte.

»Ein stark wertendes Subjekt, womit wir ein Subjekt meinen, das Wünsche stark bewertet, ist tiefer, da es seine Motivation auf einer tieferen Ebene beschreibt. Einen Wunsch oder eine Neigung als wertvoller, edler oder ausgeglichener als andere zu bezeichnen heißt, von ihm in Kategorien der Art von Lebensqualität zu sprechen, die er ausdrückt und aufrechterhält. Ich verabscheue die obige feige Tat, weil ich ein mutiger und ehrenhafter Mensch sein will. Während es für das schwach wertende Subjekt um die Erwünschtheit unterschiedlicher Ziele geht, die durch seine De-facto-Wünsche definiert werden, untersucht das Nachdenken des stark wertenden Subjekts auch die verschiedenen möglichen Seinsweisen des Handelnden.«[1]

Aber sind wir noch in der Lage zu begehren, wünschenswerte Wünsche auszubilden und diese stark zu bewerten? Leiden nicht gerade junge Menschen heute an einem »wunschlosen Unglück« (Peter Handke)? Wie wollen wir jungen Menschen Hoffnung und die Fähigkeit, wünschenswerte Wünsche zu entwickeln, vermitteln, wenn sie nicht die Erfahrung von Möglichkeit machen, die Erfahrung, dass es auch anders geht und anders sein könnte? Menschen müssen deshalb aktiv an gesellschaftlichen Veränderungen teilhaben. Als Handelnde machen Menschen die Erfahrung von Selbstwirksamkeit, das heißt, sie erkennen, dass sie Einfluss auf ihre Umwelt nehmen. Nur so kann sich überhaupt Möglichkeitssinn einstellen, denn: »Nur wenn, was ist, sich ändern läßt, ist das, was ist, nicht alles.«[2] Ohne die Erfahrung von Veränderung gibt es keinen Möglichkeitssinn und keine Hoffnung, keine Wünsche und keine Resilienz.

Selbstsorge

Hier sind wir am entscheidenden Punkt angekommen. Das Paradigma der Resilienz zielt auf einen radikalen Wechsel vom Reden zum Handeln. Im Zusammenhang des Nachhaltigkeitsparadigmas sind wir »Klima-Talker« (Felix Ekardt) geworden. Angezeigt ist Selbsttransformation. Wir brauchen nicht nur neue Technologien für die Transformation unseres Energiesystems. Viel wichtiger ist die Arbeit an »Technologien individueller Beherrschung«[3].

1 | C. Taylor, Was ist menschliches Handeln, in: e-Journal Philosophie der Psychologie, Januar 2006, 1-25, 9.

2 | T. W. Adorno, Negative Dialektik, Frankfurt a.M. 31982, 391.

3 | M. Foucault, Technologien des Selbst, in: ders., Ästhetik der Existenz. Schriften zur Lebenskunst, Frankfurt a.M. 2007, 287-317, 290.

Wir müssen fragen, mit welchen Formen das Individuum auf sich selbst einwirkt, was die »Technologien des Selbst« (Michel Foucault) sind. Darunter versteht der Philosoph Michel Foucault Technologien, »die es dem Einzelnen ermöglichen, aus eigener Kraft oder mit Hilfe anderer eine Reihe von Operationen an seinem eigenen Körper oder seiner Seele, seinem Denken, seinem Verhalten und seiner Existenzweise vorzunehmen, mit dem Ziel, sich so zu verändern, dass er einen gewissen Zustand des Glücks, der Reinheit, der Weisheit, der Vollkommenheit oder der Unsterblichkeit erlangt«.[4] Lassen wir einmal die posthumanistischen Anklänge in diesem Zitat beiseite, so wird deutlich, dass es ohne Selbstsorge keine Selbsterkenntnis gibt.[5] Das wichtigste moralische Prinzip der Griechen war nämlich nicht das »Erkenne dich selbst«, sondern das »Achte auf dich selbst.« Letzteres ging, so weist Foucault nach, erstem voraus. Für Sokrates war indes klar: Die Menschen lehren, auf sich selbst zu achten, heißt, sie lehren, auf die Stadt zu achten.[6] Selbstsorge ist nicht a-politisch. »Die Sorge um das Selbst ist die Sorge um die Aktivität«[7], nicht die Sorge um den Körper oder die Seele als Substanz.[8] Der Imperativ »Achte auf dich selbst« ist nicht zu verwechseln mit einem Aufruf zu einem Wellnesswochenende. Dass es hier nicht um narzisstische Praktiken geht, verdeutlicht Foucault wiederum an Sokrates:

»Sokrates riskiert sein Leben, verfolgt keine materiellen Interessen und weist nach, daß die Sorge um sich selbst einhergeht mit der Sorge um das Leben in der Polis-Gemeinschaft. Anders als später in der christlichen As-

4 | Vgl. ebd., 289.

5 | An dieser Stelle ist darauf hinzuweisen, dass die posthumanistische Dimension in Foucaults Konzept der Selbstsorge nicht auf einen extropianischen Posthumanismus zielt, der Ausdruck einer Biomacht ist, die Foucault kritisiert.

6 | Ebd., 291.

7 | Ebd., 296.

8 | Vgl. ebd.

kese, in der die Sorge um sich in eine Selbstlosigkeit als Vorbedingung künftigen Heils übergeht, oder in der Neuzeit, als das Erkenne-dich-selbst zur erkenntnistheoretischen Selbstbegründung des denkenden Subjekts dient, war die antike Selbsterkenntnis eher Folge der Selbstsorge. Im Unterschied zur Moderne, die seit Descartes kognitives Wahrheitsstreben von Lebensprozessen abzukoppeln suchte, standen in der Antike Philosophie und Erkenntnis unbefangen im Dienst des guten Lebens [...].«[9]

An dieser Stelle klingt die Frage nach einer Lebenskunst an.

Zum Überleben benötigen wir bestimmte Güter: Neben Nahrungsmitteln gehören dazu eine medizinische Grundversorgung, ein rechtlicher Schutz, der Sicherheit gewährt, eine Wohnung, lebenszuträgliche Umweltbedingungen etc. Damit wir aber auch selbst handlungsfähig sein können, bedarf es mehr zum Leben, als man zum Überleben braucht. Wir müssen bestimmte Grundfähigkeiten ausbilden, um auch ein humanes und gutes Leben führen zu können. Angesichts der Klimakatastrophe kommt es darauf an, dass »die Menschen im Rahmen eines kulturellen Wandels in Richtung auf Postwachstumsgesellschaften darin unterstützt werden, eigene psychische Ressourcen zu entwickeln, die unabhängig vom materiellen Wohlstand das subjektive Wohlbefinden sicherstellen können«.[10] Die Denkwerkstatt Zukunft schlägt deshalb eine »Genuss-Ziel-Sinn-Theorie des subjektiven Wohlbefindens« vor, die auf sechs psychischen Ressourcen für einen kulturellen Wandel beruht: Genussfähigkeit, Selbstakzeptanz, Selbstwirksamkeit, Achtsamkeit, Sinngebung und Solidarität.[11] Nachdem es keine Utopien mehr gibt, konzentriert sich der Blick auf das Individuum. Dieses avanciert somit mehr und mehr zum ersten »Ausgangspunkt für

9 | W. Post, Technologien des Selbst. Vortrag in der Karl Rahner Akademie Köln vom 24. Januar 2000, www.kath.de/akademie/rahner/Download/Vortraege/inhalt-online/_post-foucault.htm (abgerufen am 02.05.2014).

10 | M. Hunecke, Psychische Ressourcen zur Förderung nachhaltiger Lebensstile, Bonn 2013, 9.

11 | Vgl. ebd.

einen kulturellen Wandel«[12]. Es ist allerdings problematisch, wenn der Fokus in erster Linie auf die »Sensibilisierung für positive Sinnesreize« gelegt wird. Dass man nämlich durch die Steigerung der Genussfähigkeit[13] zu einer Lebenskunst findet, die positive und negative Emotionen den eigenen Bedürfnissen entsprechend auszubalancieren hilft, das kann durchaus in Frage gestellt werden.[14] Um der Gefahr der Selbstoptimierung und der Entpolitisierung des Individuums zu entgehen, ist die Sinnfrage ins Zentrum der Überlegungen zu rücken.

Ein gutes, sinnvolles Leben ist ein Leben, in dem man sich aktiv mit Aufgaben beschäftigt, die auch für andere Menschen von Bedeutung sind.[15] Dadurch erfährt der Mensch Anerkennung, und wer Anerkennung erfährt, dem wird eine Ahnung zuteil, was ein sinnerfülltes Leben heißen kann. Sinn – im emphatischen Verständnis – ist nicht etwas, was der Einzelne für sich allein finden kann. Sinnvoll ist nur etwas, das auch für andere sinnvoll ist. Das heißt nicht, dass nur etwas sinnvoll sein kann, das alle anderen auch als sinnvoll erachten. Sinn ist keine Frage, über die die Majorität abstimmt. Nichtsdestotrotz kann sinnvoll nur sein, was nicht *nur* für mich, sondern auch für andere von Bedeutung ist. Sinn setzt deshalb soziale Teilhabe voraus. Soziale Teilhabe ist aber nicht ein Nebeneinanderherleben. Sie basiert auf bestimmten Grundfähigkeiten und setzt bestimmte Grundverständnisse voraus: Wir müssen eine gemeinsame Sprache sprechen. Wir müssen in der Lage sein, den anderen verstehen zu können. Das heißt, wir müssen mit ihm Bedeutungshorizonte teilen. Wir müssen mitfühlen können. Wir müssen in der Lage sein, uns einfühlen zu können ... Kurzum: Es bedarf einer Kultur des Zusammenlebens. Blicken wir auf die im Horizont der Klimakatastrophe anstehende »Große Transforma-

---

12 | Ebd., 10.

13 | Vgl. ebd., 20.

14 | So etwa in: ebd., 63.

15 | Vgl. zu diesem Abschnitt: J. Manemann, Wie wir gut zusammen leben. 11 Thesen für eine Rückkehr zur Politik, Ostfildern 2013, 25.

tion«, dann besteht die Herausforderung darin, die Zivilgesellschaft in eine »Kulturgesellschaft« (Adrienne Goehler) zu transformieren.[16] Dazu bedarf es einer Förderung der Künste, der Kulturen und der Religionen, denn es geht in erster Linie nicht um technische, sondern um kulturelle Herausforderungen. Der Schlüsselbegriff dieser »Großen Transformation« ist Empowerment: Wir müssen den Mut zur Selbstveränderung aufbringen. Voraussetzung dieser Selbstveränderung ist die Erfahrung, dass wir mehr Potenzial in uns tragen, als wir wahrhaben wollen. Wir benötigen Bildungskonzepte, die genau hier ansetzen.

Die *Denkwerkstatt Zukunft* hat ein Memorandum veröffentlicht, das »immaterielle Wohlstandsaspekte« in den Vordergrund stellt: »An ihrer Spitze steht vermutlich die Wiederentdeckung der Zeit oder genauer: der bewusst erfahrenen Lebenszeit – der Zeit für sich selbst und andere, aber auch der Zeit, um sich an der Natur und den Künsten zu erfreuen, sich zu bilden und seinen Horizont zu weiten, eine Fremdsprache zu erlernen, Sport zu treiben, müßig zu sein oder sich am politisch-gesellschaftlichen Leben zu beteiligen.«[17] Anders als in den Vorschlägen der Anthropozäniker nimmt in dem Memorandum das Thema ganzheitliche Bildung einen großen Stellenwert ein: neue Bildungsinhalte, wie Zufriedenheit und Glück, sollen unterstützt, musische Fächer und (inter-)aktives Lernen gefördert, Projektwochen etc. angeboten werden.[18] Dringlicher wäre es allerdings, in den Schulen und Universitäten Service-Learning-Kurse einzuführen. Hinter dem Begriff des Service-Learning steckt ein Bildungskonzept, das Bildung auf der Basis von Verantwortungsübernahme praktiziert: Lernen durch Engagement.[19] Durch die Übernahme von

---

16 | A. Goehler, Verflüssigungen. Wege und Umwege vom Sozialstaat zur Kulturgesellschaft, Frankfurt a.M. /New York 2006.

17 | M. Miegel/S. Wahl/M. Schulte, Für einen Bewusstseinswandel. Von der Konsum- zur Wohlstandskultur, Bonn 2011, 11/12.

18 | Vgl. ebd., 37-42.

19 | A. Seifert, Resilienzförderung an der Schule. Eine Studie zu Service-Learning mit Schülern aus Risikolagen, Wiesbaden 2011.

Verantwortung erfahren Kinder Selbstwirksamkeit, und durch die Erfahrung von Selbstwirksamkeit können sie Selbstverantwortung ausbilden. »Während Optimismus die Haltung eines ›Es wird alles gut werden‹ beinhaltet, zeichnet sich Selbstwirksamkeit durch eine Haltung des ›Ich werde es schaffen‹ aus.«[20] Eine solche Haltung erhöht zudem die Widerstandskraft gegen den Konsumismus.[21] Hier erlernen Kinder neue Lebensstile. Service-Learning versteht Bildung als erfahrungsorientiertes Lernen, durch das Menschen ein Selbstwertgefühl ausbilden und lernen, nicht nur Verantwortung für sich und andere zu übernehmen, sondern auch gemeinsam kreative Problemlösungsstrategien zu entwickeln. Es sind diese Erfahrungen, durch die Resilienz ausgebildet wird. Resilient zu sein bedeutet aber nun, in Situationen, in denen es *keine* Lösungsstrategien gibt, nicht unterzugehen. Selbst in derartigen Situationen kann Veränderung noch möglich sein. Sollte man nämlich an dem Punkt ankommen, an dem sich die Umstände nicht mehr ändern ließen, so gäbe es dennoch eine Möglichkeit, etwas zu ändern, nämlich sich selbst im Verhältnis zu den Umständen.

Aufzugreifen wären überdies Programme der achtsamkeitsbasierten Stressreduktion, wie sie beispielsweise von Jon Kabat-Zinn entwickelt wurden.[22] Achtsamkeit bedeutet hier,

> »daß man seine Aufmerksamkeit vorsätzlich [...] auf all jene Dinge richtet, über die man für gewöhnlich nie nachdenkt. Diese Vorgehensweise beruht einmal auf der Fähigkeit, die Aufmerksamkeit schulen zu können, sowie zweitens auf der Fähigkeit zur Einsicht, und führt zur Entwicklung einer völlig neuen Art von ›Kontrolle‹ über unsere Lebensumstände [...]«.[23]

20 | M. Hunecke, a.a.O., 25.

21 | Vgl. ebd., 22.

22 | J. Kabat-Zinn, Gesund durch Meditation. Das große Buch der Selbstheilung, München 2011, 16.

23 | Ebd.

Das Training zielt darauf ab, »vom Aktions-Modus in den Seins-Modus umzuschalten«.[24] Die achtsame Grundhaltung ermöglicht es, »den selbstbezogenen Fokus im eigenen Handeln zu transzendieren und eine universalistische Perspektive einzunehmen, ohne wiederum [notwendigerweise, J.M.] selbst an spezifische weltanschauliche Überzeugungen gebunden zu sein«.[25]

Es geht hier nicht darum, eine Wellness-Therapie zu empfehlen. Diese Form einer Ästhetisierung der Existenz wäre nichts anderes als Flucht vor der Verantwortung. Die Selbstsorge, die hier angezielt ist, ist keine Münchhausen-Methode. Es geht darum, die Zivilisation der Machbarkeit aufzubrechen. Deshalb muss die angezielte Lebenskunst die Weigerung beinhalten, sich und die Umwelt wieder auf das Machbare, Gestaltbare zu reduzieren. An der Zeit ist mithin eine Lebenskunst im Sinne der Lebenskönnerschaft.[26]

Lebenskönnerschaft

Wer Lebenskunst im Sinne der Lebenskönnerschaft zu entwickeln versucht, der setzt bei der Erkenntnis an, dass Ethik nicht bloß das ist, »was wir tun, sondern: wer wir sind«.[27] Anders formuliert: Das Handeln folgt dem Sein, mithin geht es um den Vorrang des Seins vor dem Sollen.[28] Das Sein ist wesentlich vom Habitus einer Person geprägt. Der Habitus ist der Katalysator der Lebenskönnerschaft.[29] »Habitus« steht für die Werte, die in unseren Körper ein-

24 | Ebd., 35.

25 | M. Hunecke, a.a.O., 16.

26 | Vgl. G. B. Achenbach, Lebenskönnerschaft, Freiburg/Basel/Wien 2001.

27 | Ders., zit.n.: T. Polednitschek, Vom Vorrang des Seins vor dem Sollen. Philosophisch-praktische Reflexionen, in: U. Hemel/A. Fritzsche/J. Manemann (Hg.), Habituelle Unternehmensethik. Von der Ethik zum Ethos, Baden-Baden 2012, 101-113, 101.

28 | Vgl. ebd., 101.

29 | Vgl. ebd., 102.

gezeichnet sind und die unsere Haltrungen prägen.[30] Er beruht auf früheren individuellen und kollektiven Erfahrungen. Der Habitus ermöglicht somit Stabilität und gleichzeitig eine kritische Haltung gegenüber der Normativität des Faktischen. Durch den Habitus wird Vergangenheit in der Gegenwart präsent. Es ist diese verkörperlichte Gegenwart von Erinnerungen, die Handeln ermöglicht und strukturiert.[31] »Habitus« bezeichnet aber nicht eine Praxis der Gewohnheit und der Routine – ein häufig anzutreffendes soziologisches Missverständnis. Im Unterschied zu routinierten Handlungen werden habituelle Handlungen mit ganzer Seele vollzogen. Der Habitus steht also dafür, dass Handlungen nicht alleine deswegen gut sind, »weil ihre Folgen wünschenswert sind, sondern sie müssen [...] mit der Güte der handelnden Person verbunden sein«.[32] Die Rede vom Habitus bezieht sich auf die innere Qualität unseres Handelns, auf seine Innenwirkung.[33]

Wer heute von Nachhaltigkeit im Sinne des Nachhalts spricht, der darf von Haltungen, das heißt vom Habitus, nicht schweigen. Habitus bedeutet »haben«.[34] Es geht jedoch nicht um ein Haben im Sinne des Besitzes eines Äußeren, sondern darum, sich selbst zu haben, seine widersprechenden Gefühle in eine innere Ordnung zu bringen, sie zu einem synergetischen Ganzen zu formen.[35] Ohne Habitus verliert der Mensch sein Selbst, streicht er sich selbst durch. Das einzige, so der Philosoph Martin Heidegger, das in einer Zeit, die keinen Halt mehr bietet, bleibt, ist Haltung. Ohne Haltung

30 | Vgl. zu den Überlegungen über den Habitus: J. Manemann, Unterwegs zu einer habituellen Unternehmensethik, in: U. Hemel/A Frtizsche/ders., Habituelle Unternehmensethik, a.a.O., 11-28.

31 | P. Bourdieu, Sozialer Sinn. Kritik der theoretischen Vernunft, Frankfurt a.M. 1987, 101.

32 | P. Nickl, Ordnung der Gefühle. Studien zum Begriff des Habitus, Hamburg 2001, 7.

33 | Vgl. ebd., 29.

34 | Vgl. ebd., 25.

35 | Vgl. ebd., 26.

können wir nicht als freie Menschen existieren. Wer keine Haltung mehr besitzt, ist unfrei.

Der zeitdiagnostische Blick auf unsere Gesellschaft zeigt jedoch, dass genau dieser Habitus gefährdet ist. Mithin sind die Grundlagen bedroht, auf denen Handeln beruht. Der Philosoph Peter Nickl erläutert das Fehlen des Habitus anhand des folgenden Beispiels:

»Ein junger Mann – wir sind im 19. Jahrhundert – hat erfahren, dass ein Freund schwer krank ist und macht sich auf den Weg, ihn zu besuchen. Zu einem dreistündigen Fußmarsch im Regen ist er ohne weiteres bereit. – Verlegen wir jetzt die Szene in die Gegenwart. Man setzt sich ins Auto und stellt fest, dass die Zündkerzen kaputt sind. Pech für den Freund? – Es muss nicht sein, dass wegen der technischen Panne der Krankenbesuch schnöde unterbleibt. Für das defekte Auto wird sich ein Ersatz finden – eines mit intakten Zündkerzen, vielleicht ein öffentliches Verkehrsmittel oder gar für teures Geld ein Taxi. Nur eines ist unwahrscheinlich: dass man auf die technische Panne mit anderen als technischen Mitteln reagiert, also das Abgeleitete durch das Ursprüngliche, Motor- durch Muskelkraft ersetzt.«[36]

Dieses Beispiel zeigt, »dass menschliche Fähigkeiten verlorenzugehen drohen, wenn ihre Funktion bequemer per Knopfdruck von einem Apparat erledigt wird«.[37]

Habitus hat nichts mit einem Können im Sinne der Machbarkeit zu tun, sondern ist ein Seinsmodus. Lebenskönnerschaft zielt deshalb auch nicht darauf ab, das Leben zum Gegenstand des Könnens zu machen – das ist die Absicht der Anthropozäniker.[38] Aus diesem Grund geht der Lebenskönner nicht in die Schule des Wissens, sondern in die der Weisheit. Weisheit vermittelt Erfahrungswissen in Form von Geschichten.[39] Lebenskönnerschaft ist keine Theorie, da

36 | Ders., Habitus. Bemerkungen zu einem vergessenen Begriff, in: U. Hemel/A. Fritzsche/J. Manemann (Hg.), a.a.O., 51-62, 51/52.

37 | Ebd., 52.

38 | Vgl. G. B. Achenbach, a.a.O., 128.

39 | Vgl. ebd., 131.

letztere mit zu großen Rastern arbeitet und so dem Individuum in seiner Einzigartigkeit nicht gerecht wird.[40] Lebenskönnerschaft bewährt sich in Lebenskrisen, dann, wenn Normalität nachhaltig und tief greifend erschüttert wird.

Lebenskönnerschaft zielt auf ein Können jenseits des Machbarkeitswahns. Kritisch gegenüber jeglichen Formen von Zweckrationalität basiert es auf einem Bewusstsein, das um die Notwendigkeit der Könnensverweigerung weiß. Lebenskönnerschaft weicht den Begrenzungen des Lebens und dem Ende des Lebens nicht aus. In gewisser Weise ist sie eine *ars moriendi*, dennoch reduziert sie Sein nicht auf ein Sein zum Tode. Das Leben hat nicht nur ein Ende, sondern auch einen Anfang. Der Blick auf die eigene Sterblichkeit und die des Anderen muss deshalb ergänzt werden durch den Blick auf die Geburtlichkeit. Geburt ist Anfang. Mit jeder Geburt kommt ein Neubeginn in die Welt.

»Der Neubeginn, der mit jeder Geburt in die Welt kommt, kann sich in der Welt nur darum zur Geltung bringen, weil dem Neuankömmling die Fähigkeit zukommt, selbst einen Anfang zu machen, das heißt zu handeln. Im Sinne von Initiative - ein initium setzen - steckt ein Element von Handeln in allen menschlichen Tätigkeiten, was nichts anderes besagt, als daß diese Tätigkeiten eben von Wesen geübt werden, die durch Geburt zur Welt gekommen sind und unter der Bedingung der Natalität stehen.«[41]

Ohne die damit gegebene Fähigkeit des Immer-wieder-Anfangen-Könnens wäre der Mensch eine Geheimnislosigkeit. »Daß man in der Welt Vertrauen haben und daß man für die Welt hoffen darf«, das zeigt jede Geburt.[42] Lebenskönnerschaft weiß um das Geheimnis des Neuanfangenkönnens, das im Handeln grundgelegt ist. Leben ist nicht nur *vita passiva*, sondern auch *vita activa*.

40 | Vgl. ebd., 155.

41 | H. Arendt, Vita activa oder: Vom tätigen Leben, München [12]2001, 18.

42 | Ebd., 317.

Lebenskönnerschaft basiert auf der Unfähigkeit, sich erfolgreich vom Leid der Anderen zu distanzieren.[43] Lebenskönnerschaft angesichts fremden Leids ist Verweigerung jeglicher Instrumentalisierung dieses Leids zum Zwecke des eigenen Wohlergehens. Sie ist im Gegenteil die Fähigkeit, dem Leid des Anderen, sei es Mensch oder Tier, Ausdruck zu verschaffen.

Die Arbeit an sich selbst vermag das Selbstbewusstsein zu stärken, wenn der Versuchung widerstanden wird, Lebenskönnerschaft in Lebensmeisterschaft zu transformieren. Die Lebensmeisterschaft ist das Projekt eines inhumanen Übermenschentums, das Leben als einen permanenten Kriegszustand begreift.[44] Man kann das Leben, das nicht Hergestellte, nicht meistern. Gerade diese Erfahrung kennzeichnet Lebenskönnerschaft.

Naturerfahrungen — der verstellte und der unverstellte Blick

Es kommt heute im Zusammenhang der hier anvisierten »Großen Transformation« nicht nur auf die Neuentdeckung des Selbst an, sondern auch auf die Neuentdeckung der Natur. Beide eng miteinander verwobenen Prozesse sind in der Kulturgeschichte häufig gegenstrebig zueinander verlaufen. Der Philosoph Jürgen Goldstein hat das anhand exemplarischer Naturerfahrungen aufgewiesen, die dem Bergsteigen und den Seefahrten entnommen wurden.[45] Wer sich mit der Entdeckung der Natur befasst, der muss Goldstein zufolge mit Augustinus (354-430 n. Chr.) beginnen und seiner Warnung, die Augenlust durch die Besteigung der Berge und die Ergründung der Meere zu befriedigen. Augustinus zielt stattdes-

43 | In Anlehnung an eine Formulierung von Johann Baptist Metz.

44 | Vgl. etwa die Ausführungen von J. Goebbels, Michael. Ein deutsches Schicksal in Tagebuchblättern, München [16]1929, 22.

45 | Vgl. J. Goldstein, Die Entdeckung der Natur. Etappen einer Erfahrungsgeschichte, Berlin 2013.

sen auf die Entdeckung des unendlichen Reichtums des inneren Selbst. Er »wird zum Kolumbus seines inneren Selbst. In den unermesslichen Räumen seiner Innerlichkeit entdeckt er Kontinente seiner Person. Seine biographischen Bekenntnisse sind das Reisetagebuch seines inneren Lebens.«[46] Erst dem Humanisten Petrarca (1304-1374) gelingt es, sich dem Verdikt des Augustinus zu entziehen und Natur in ihrer äußeren Gestalt zu würdigen.[47] Kolumbus (1451-1506) wiederum war unfähig, fremde Natur auf sich wirken zu lassen. Er sah sie stets gefiltert durch die Augen der antiken Literatur. Erst der Naturforscherin Maria Sybilla Merian (1647-1717) gelang es, das »Korsett ihrer ästhetischen Erwartungen« abzulegen und so einmalige Einblicke in die Insektenwelt der Tropen zu eröffnen.[48] Andere folgten. Aber die Naturbetrachtungen in der Neuzeit blieben keineswegs beim entzückenden Erstaunen stehen. Denn Natur erfahren heißt nicht nur, sich der Natur öffnen, sondern sie auch am Körper erfahren. Man schreibt indes »anders über Natur, wenn man am eigenen Leib erfahren hat, dass sie sich nicht um einen schert«.[49] Als Reaktion auf solche Erschütterungen des Vertrauens in die Natur wurde das innerliche Erleben wieder stärker hervorgehoben.[50] Damit begann jedoch auch das, was wir heute die »Optimierung des Selbst« nennen. Für die Aufklärer war bekanntlich die aufrechte Haltung die Leitmetapher für die Selbsterhebung des Menschen.[51] Im aufrechten Gang kommt diese Haltung zum Ausdruck. Sie zeigt an, dass der Mensch aufwärts strebt. »Dem Höhenrausch der Vernunft entspricht fortan eine Selbstbestätigung des kletternden Menschen durch eine Bewältigung der alpinen Herausforderungen. Es sei ›des Menschen glänzende Bestimmung‹, so der Philosoph Johann Samuel Ith (1747-1813), ›sein Haupt über

46 | Ebd. ,18.

47 | Vgl. ebd., 28-39.

48 | Ebd., 61.

49 | Ebd., 123.

50 | Vgl. ebd., 149.

51 | Vgl. ebd., 170.

die materielle Welt empor zu heben‹ – das ließ sich nun auf überraschend konkrete Weise verstehen.«[52] Das Vordringen in die Höhen wurde zum Inbegriff der Selbstbestimmung. »Wieder einmal hat sich der Mensch als das Lebewesen erfunden, das hoch hinaus will.«[53] Lag jedoch der Fokus zunächst auf der Qualität des Anblicks, bei dem die individuelle Färbung zurücktrat, so tritt in der Folge mehr und mehr die Sensibilität des Schauenden, sein inneres Erleben, in den Vordergrund.[54] Für Goldstein ist das »Erstürmen der Berggipfel« die Metapher für eine Selbstermächtigung, in der der Mensch gottgleich zu werden versucht.[55] Der Kampf um den Berg wäre demgemäß als »ein nietzscheanisches Versatzstück«[56] zu denken. Die Natur wird dergestalt zum Spiegel, um das absolut Große im Menschen selbst zu erblicken.[57] Aber dieser Blick schwächt letztlich das Sehen: »Die Jahrhunderte der Naturbetrachtung haben den Blick ermüden lassen. Wohin wir auch kommen, wir haben die Blaupause des uns Erwartenden längst im Kopf. Es gibt keine Blicke mehr.«[58] Goldstein fasst Peter Handkes Lehre der Sainte-Victoire (Gebirge in Frankreich) zusammen: »Die Zeit der imposanten Panoramen, der entdeckenden Meeresüberquerungen, der überwältigenden Gipfelaussichten ist vorüber. Nicht für jeden einzelnen, aber als gemeinschaftlich wahrgenommene Welterschließung. [...] Dem durch Petrarca gestifteten Verzückungsschema hat man daher inzwischen nur noch auszuweichen: ›man sollte die Berggipfel nicht ganz besteigen«, notiert sich Handke.‹[59] Bei den »Selbsterfahrungsartisten« unter den Bergsteigern sieht Goldstein schließlich den Augustinismus zurückkehren, denn das Verfolgen eines inneren

52 | Ebd.

53 | Ebd., 171.

54 | Vgl. ebd., 175/1776.

55 | Ebd., 184.

56 | Ebd.

57 | Vgl. ebd., 186.

58 | Ebd., 148.

59 | Ebd., 250.

Ziels wird wichtiger als die äußere Natur: »Den bis an die Grenze des Wahns wagemutigen Eroberern neueren Datums kommt es vornehmlich auf die Erfahrung an, die man mit sich selbst in der Natur machen kann, nicht länger auf die Natur an sich. [...] Die zu erobernden Kontinente sind die des eigenen Selbst. [...] Bergbesteigungs- und Weltumsegelungsberichte werden zu Psychogrammen ihrer Bewältiger.«[60] Goldstein exemplifiziert diesen Zusammenhang an Reinhold Messner: »Ihm geht es beim Klettern um einen Ausdruck seiner selbst. Als Kletterer ist er ein ›Traumtänzer in der Vertikalen‹ [...]. Der Preis für das Überleben am Berg und die Erfahrung des eigenen Selbst ist die ›Reduktion der Landschaft ringsum zur bloßen Kulisse‹.«[61] Goldstein hält fest: »Für Messner ist jeder große Berg vornehmlich eine Problemstellung, an dem sich das Ich erprobt.«[62] Diese Selbstoptimierung »ermöglicht die völlige Durchsichtigkeit des eigenen Selbst«.[63] In der Folge verschließt sich die Natur. Messner bringt es auf den Punkt: »Zum zweiten Mal hocke ich auf dem höchsten Punkt der Erde, und wieder kann ich nichts sehen.«[64] Er fährt fort: »Ich bin Sisyphus, und der Stein, den ich den Berg hochrolle, ist meine eigene Psyche.«[65]

Die Anthropozäniker leben in einer Zeit, in der »das Verfolgen eines inneren Ziels wichtiger wird als die Entdeckung der äußeren Natur«.[66] Ihr Weg droht nun, vollends von der äußeren Natur abgekoppelt, in die Knechtschaft der inneren Natur zu münden.

Die Transformation, die in diesem Essay gefordert wird, hat nichts mit dieser Form der Selbstoptimierung gemein. Selbsttransformation bedeutet nicht, bei sich selbst einzukehren, die »Tiefen und Unermesslichkeiten der eigenen Person« zu ergründen, um

60 | Ebd., 257.
61 | Ebd., 258.
62 | Ebd., 258.
63 | Ebd., 259.
64 | Ebd., 267.
65 | Ebd., 268.
66 | Ebd., 257.

»zum Kolumbus seines inneren Selbst«[67] zu werden. Selbsttransformation ist nicht zu verwechseln mit »Innenwelteroberung«. Sie zielt nicht auf die Entwertung des Natürlichen, geschweige denn darauf, die Natur zur Kulisse der Ich-Erprobung zu degradieren.[68]

Angezeigt ist eine innere Reise, die Demut erfahrbar werden lässt. Demut heißt, sich zurückzuziehen, Raum zu geben für Andere und Anderes. Demut ist Veränderungsbereitschaft und als solche »die Voraussetzung gelebter Hoffnung« (Günter Virt). Ihr Gegenteil ist die Vollmundigkeit des Immer-schon-Bescheidwissens. Statt Natur in Kultur aufzulösen und zum Verschwinden zu bringen, wie die Anthropozäniker beabsichtigen, käme es darauf an, durch einen kulturellen Wandel Natur neu sehen und verstehen zu lernen, und zwar so, dass nicht das gesehen wird, was uns zu sehen vorgeschrieben wird.[69] Bloß das zu sehen, was vorgeschrieben wird, ermüdet auf Dauer und endet in »Anschauungsmüdigkeit«.[70] Diese gilt es aufzubrechen, denn: »Wir wissen alles und sehen nichts.«[71] Dazu bedarf es aber einer geradezu »metaphysischen Zivilcourage« (Günther Anders), die den unverstellten Blick auf Natur wagt. Dieser Blick bricht jede Romantisierung von Natur auf. Es geht hier also nicht um ein Streben nach Natürlichkeit, das »Vertrautes in der Vergangenheit sucht, um Zukunft (als Zone des Unvertrauten)« zu vermeiden.[72] Im Gegenteil. Das Wagnis dieses Blicks besteht in einer Konversion, weg von dem, was hergestellt ist, und hin zu dem, was sich einstellt. Dadurch wird Zukunft möglich, die doch nicht für die Verlängerung der Gegenwart steht, sondern für das Neue, für das, was auf uns zu-kommt.

---

67 | Ebd., 18.

68 | Vgl. ebd., 258/259.

69 | Vgl. ebd., 22.

70 | Ebd., 23.

71 | Ebd.

72 | Vgl. dazu: S. Dickel, Paradoxe Natur. Plädoyer für eine postromantische Ökologie, in: TTN-Infp I/14.

IX. Vom Weltgärtner und Übermenschen

Anstatt nun hier anzusetzen und die Lebenskunst zu einer Überlebenskunst im Sinne der Lebenskönnerschaft weiterzuentwickeln, droht die anthropozäne Vision vom Weltgärtner in die des Übermenschen umzukippen.

Die neuen Weltgärtner: Ingenieure und Geologen

Immer wieder sprechen die Anthropozäniker davon, dass sie sich als Weltgärtner verstehen. Sie reden von der Planetengärtnerei und der Gartenerde. Der Begriff des Gärtners setzt voraus, dass Ordnung geschaffen wird. Wer aber bestimmt, was wachsen darf und was nicht, was Unkraut und was Nutzpflanze ist? Der Soziologe Zygmunt Bauman hat auf die Folgewirkungen hingewiesen, die sich aus dem Bild des Staates als Gärtner ergeben haben. Die Metapher des Gärtners steht für die Vision einer künstlichen Ordnung. Für diese gilt:

»Alle Visionen einer künstlichen Ordnung sind notwendig (in ihren praktischen Konsequenzen, wenn auch nicht immer in ihrem ursprünglichen Entwurf) inhärent asymmetrisch und führen auf diese Weise zu einer Dichotomie. Sie spalten die menschliche Welt in eine Gruppe, für die die ideale Ordnung errichtet werden soll, und eine andere, die in dem Bild und der Strategie nur als ein überwindender Widerstand vorkommt – als das Unpassende, das Unkontrollierbare, das Widersinnige und das Ambivalente.«[1]

Damit ist nicht gemeint, dass Ordnungen per se verdächtig sind. Ohne Ordnungsmuster könnten wir nicht leben, gäbe es weder Normalität noch Gewohnheit. Gleichzeitig ist jeder Ordnung die Tendenz zur Spaltung inhärent. Dies gilt es stetig im Blick zu behalten. Jedes Ordnungsdenken muss auf die Dialektik der Ordnung reflektieren. Eine freiheitliche Ordnung beruht auf der Anerkennung der Welt mit ihren Kontingenzen und Ambivalenzen und versucht nicht, dieser Welt zu entfliehen. Anthropozäniker zielen hingegen auf eine Welt jenseits der Kontingenz und Ambivalenz. Sie wollen die Welt vermessen, aufteilen und in ihrem Sinne kultivieren. Am Horizont ihrer Idee vom Weltgarten scheint das Bild einer Ökodiktatur auf. In dieser herrschen aber nicht Philosophenkönige, sondern Geologen- und Ingenieurskönige.

Der Übermensch

Kein ernstzunehmender Wissenschaftler wird die Kausalität zwischen dem menschlichen Handeln und den radikalen Veränderungen der globalen Umwelt in Abrede stellen. Aber mit der Einsicht in diesen Ursache-Wirkungs-Zusammenhang ist nicht die Erkenntnis verbunden, dass die Ursache, sprich: der Mensch, weil er mit seinem Handeln das Ganze transformiert, auch die Macht besitzt, sich zum Herrn über das Ganze aufzuschwingen. Anders gesagt: Auf die Schöpfung verändernd einzuwirken bedeutet nicht, auch zum Schöpfer derselben zu avancieren.

Die anthropozäne Vision vom Schöpfersein des Menschen basiert auf der Annahme, dass der Mensch in der Lage sei, sich vollständig von seinem natürlichen Körperdasein zu befreien. Der

1 | Z. Bauman, Moderne und Ambivalenz. Das Ende der Eindeutigkeit, Hamburg 1992, 55.

Mensch mutierte so jedoch zu einem Wesen, das mit dem heutigen Menschen nichts mehr gemein hätte. Dieses neue Geistwesen würde dann die Information der biologischen Codes neu schreiben und somit die Evolution in die eigenen Hände nehmen. Gerade an dieser Stelle wird das hybride Moment, das in der Anthropozän-These steckt, offensichtlich: In der Forderung nach der Schaffung eines Weltgartens zeigt sich ihre gewaltinhärente äußere Dimension, in der Forderung radikaler Selbstmanipulation ihre größenwahnsinnige innere Dimension. So konvergiert letztlich die Vorstellung vom Weltgarten mit der Vorstellung vom »Menschenpark« (P. Sloterdijk). Damit tritt die posthumane Dimension der Idee des Anthropozäns hervor.

Die Kreativität der Buchstaben[2]

Nun lässt sich zwar sagen, dass der Wunsch, neue Menschen oder menschliche Gestalten zu schaffen, nicht erst im Zuge der Entwicklung der Anthropozän-These und auch nicht erst seit der Entstehung der Naturwissenschaften aufgekommen ist. Bekannt ist die jüdische Legende vom Golem. Sie basiert auf der Vorstellung von der schöpferischen Potenz der Schrift und der Buchstaben, wie sie in rabbinischen und kabbalistischen Kommentaren entwickelt wurde.[3] In diesen Texten wird behauptet, dass die Welt aus Buchstaben erschaffen worden sei. Wenn aber die Welt aus Buchstaben erschaffen wäre, dann müsste es doch auch möglich sein, auf der

2 | Das folgende Kapitel beruht im Wesentlichen auf: J. Manemann, Das Verschwinden des Körpers. Transhumanistische und Posthumanistische Visionen, in: Zeitschrift für Medizinische Ethik 1/2008, 35-48.

3 | Vgl. J. Ebach, Der Golem. Ein leibhaftiger Mensch? Oder Was wir wissen dürfen, tun können und unterlassen sollen, in: ders./H.-M. Gutmann/M. L. Frettlöh/M. Weinrich (Hg.), Jabboq. Bd. 6: »Dies ist mein Leib«. Leibliches, Leibeigenes und Leibhaftiges bei Gott und den Menschen, Gütersloh/München 2006, 230-246, 234.

Basis der Kenntnis der Buchstabensequenzen Welt zu bilden und umzubilden. Und so wird in einem chassidischen Text aus dem 13. Jahrhundert folgende Begebenheit erzählt:

»Der Prophet Jeremia beschäftigte sich allein mit dem Buch Jezira. Da erging eine himmlische Stimme und sprach: Erwirb dir einen Genossen. Er ging zu seinem Sohn Sira, und sie studierten das Buch drei Jahre lang. Danach gingen sie daran, die Alphabete nach den kabbalistischen Prinzipien der Kombination, Zusammenfassung und Wortebildung zu kombinieren, und es wurde ihnen ein Mensch geschaffen, auf dessen Stirne stand: *JHWH Elohim Emeth* [Adonaj Gott ist Wahrheit, J.M.]. Es war aber ein Messer in der Hand jenes neuerschaffenen Menschen, mit dem er das *'aleph* von *'emeth* auslöschte; da blieb: *meth* [tot, J.M.]. Da zerriß Jeremia seine Kleider [wegen der hierdurch implizierten Blasphemie der Inschrift: Gott der Herr ist tot] und sagte: Warum löscht du das *'aleph* von *'emeth* aus? Er antwortete: Ich will dir ein Gleichnis erzählen. Ein Architekt baute viele Häuser, Städte und Plätze, aber niemand konnte ihm seine Kunst abmerken und es mit seinem Wissen und seiner Handfertigkeit aufnehmen, bis ihn zwei Leute überredeten. Da lehrte er sie das Geheimnis seiner Kunst, und sie wussten nun alles auf die richtige Weise. Als sie sein Geheimnis und seine Fähigkeiten erlernt hatten, begannen sie ihn mit Worten zu ärgern, bis sie sich von ihm trennten und Architekten wurden, nur dass sie alles, wofür er einen Taler nahm, für sechs Groschen machten. Als die Leute das merkten, hörten sie auf, den Künstler zu ehren, und kamen zu ihnen und ehrten sie und gaben ihnen Aufträge, wenn sie einen Bau brauchten. So hat euch Gott in seinem Bilde und seiner Gestalt und seiner Form geschaffen. Nun aber, wo ihr, wie Er, einen Menschen erschaffen habt, wird man sagen: Es ist kein Gott in der Welt außer diesen beiden! Da sagte Jeremia: Welchen Ausweg gibt es also? Er sagte: Schreibt die Alphabete von hinten nach vorn in jene Erde, die ihr mit gesammelter Konzentration hingestreut habt. Nur meditiert nicht über sie in Richtung des Aufbaus, sondern vielmehr umgekehrt. So taten sie, und jener Mensch wurde vor ihren Augen zu Staub und Asche. Da sagte Jeremia: Wahrlich, man sollte diese Dinge nur studieren, um die Kraft und

Allmacht des Schöpfers dieser Welt zu erkennen, aber nicht, um sie wirklich zu vollziehen.«[4]

Das kreative und bedrohliche Potenzial der Buchstaben steht heutzutage überdeutlich vor Augen. Der Körper des Menschen erscheint als eine bloße Folge von Buchstaben, die nach der Grammatik der Evolution angeordnet sind.[5] Man denke an die Dechiffrierung der menschlichen Erbanlagen, die mit den Buchstaben A, C, G und T bezeichnet werden. Aus diesen Buchstaben könnten Gentechniker eines nicht so fernen Tages ein künstliches Genom nach einem Baukastensystem zum Leben erwecken.

Von Altmenschen und Neumenschen

Schwägerl begrüßt den Anbruch des Zeitalters der technischen Reproduzierbarkeit des Menschen. Transhumane und posthumane Visionen einer neuen Menschwerdung üben auf ihn einen besonderen Reiz aus. Nicht zuletzt der Gedanke der vollständigen Substituierung der Natur durch Kultur scheint letztlich in derartige Visionen zu münden. Die Voraussetzung einer solchen Menschwerdung ist eine Änderung der Perspektive auf den Menschen, insbesondere auf seinen Körper. Der Körper muss als ein Ort der Natur verlassen und zumindest tendenziell in einen Ort der Technik und Information verwandelt werden.[6] Während die Posthumanisten, allen voran Hans Moravec, Frank Tipler, Marvin Minsky und Raymond Kurzweil, die menschliche Lebensform durch künstliche Intelligenzen

4 | G. Scholem, Zur Kabbala und ihrer Symbolik, Frankfurt a.M. 1973, 234/235 (vgl. dazu: J. Ebach, a.a.O., 236-237).

5 | Vgl. P. Weibel, Der anagrammatische Umbau des Körpers. Lasset uns Menschen machen. Die Konstruktion des Humanen. Gespräche über das neue Menschenbild, in: Glück ohne Ende. Kapitalismus und Depression II, Berlin 2000, 10-14, 11.

6 | Vgl. ebd., 13.

substituieren wollen, zielen die Transhumanisten auf eine Erweiterung (enhancement) der Fähigkeiten des Menschen. Sie sprechen zwar nicht vom Golem, aber vom Cyborg, einem Menschen, der das Alphabet seines Körpers selbst erweitert.[7]

Die trans- und posthumanistische Ära der Perfektibilität beginnt mit dem Neuschreiben des Körpers. Für die metaphysische Ära – so der Transhumanist Peter Sloterdijk – sei der Satz Pascals leitend gewesen, »daß der Mensch den Menschen unendlich übersteigt«. Hingegen zeige sich in der nach-metaphysischen Periode das Bild, dass der Mensch den Menschen anhaltend unterbiete. Zwar lebten wir noch in der nachmetaphysischen Ära des vom Christentum und Humanismus geprägten Altmenschen, jedoch existiere bereits neben dem Altmenschen der Neumensch, der Technikfreund. Der Altmensch erscheine im Vergleich mit dem Neumenschen als ausgebrannt, als unfähig, Geschichte zu gestalten, während der Neumensch gerade aufgrund seiner Ungeduld die Vermutung aufkommen lasse, dass die volle Entfaltung des Menschen noch ausstehe.[8]

Die Extropianer

Für die Extropianer ist die schrankenlose technische Machtübernahme des Menschen über sich selbst schon längst keine Horrorvision mehr. Max More, Mitherausgeber der Zeitschrift »*Extropy*

---

7 | Vgl. zu den Unterscheidungen: O. Krüger, Die Vervollkommnung des Menschen. Tod und Unsterblichkeit im Posthumanismus und Transhumanismus, in: EUROZINE www.eurozine.com/articles/2007-08-16-kruger-de.html (abgerufen am 02.05.2014), 1-14; B. Flessner, »Wenn ich mal groß bin, möchte ich Gott werden.« Transhumanisten und Extropianer auf ihrem Weg zu Allmacht und Unsterblichkeit, in: Kursbuch 164 (04/2006).

8 | Vgl. dazu: P. Sloterdijk, Nachwort. Etwas vor sich haben, in: Peter Sloterdijk (Hg.), Vor der Jahrtausendwende: Bericht zur Lage der Zukunft. Zweiter Band, Frankfurt a.M. 1990, 706-732, 728; M. Jongen, Der Mensch ist sein eigenes Experiment, in: Die Zeit v. 09.08.2001.

– *Journal für transhumanes Denken*«, gründete 1991 das *Extropy Institute* in der Nähe von Los Angeles und organisierte jährlich die Konferenz *Extro*. 2006 wurde das Institut geschlossen, da die Mitglieder der Auffassung waren, die wesentlichen Ziele erreicht zu haben. Seitdem setzen sie ihre Arbeit in anderen Netzwerken fort, beispielsweise in *Humanity+*. Extropianer sind zumeist Naturwissenschaftler, Programmierer und Ingenieure, die sich vorrangig mit »Lebensverlängerungs- und Unsterblichkeitstechniken, smart drugs, Nanotechnologie, maschineller Intelligenz, elektronischer Wirtschaft und reinen Cyberspace- und Weltraumgesellschaften«[9] beschäftigen und sich als »Avantgarde der Evolution«[10] sehen. Ihre Idee der Extropie ist das Gegenteil der Lehre von der Entropie, wie sie im zweiten Hauptsatz der Thermodynamik formuliert wird: »In einem abgeschlossenen System (in dem die zusammenwirkenden Elemente und Kräfte von außen nicht beeinflußt werden, z.B. das Universum) wird die Unordnung der Wärmeenergiebewegung, die sogenannte *Entropie*, mit der Zeit immer größer. Bleibt ein abgeschlossenes System wie unsere Welt also sich selbst überlassen, wird es in zunehmendem Maße chaotisch.«[11]

Extropianer erklären die Entropie zum »Erzfeind menschlicher Hoffnung«.[12] Deshalb richten sie ihr Augenmerk auf die Tatsache, dass trotz Entropie aus dem immer chaotischeren Strudel aus Teilchen und Energie im Universum bestens strukturierte Organismen entstanden sind: »Während das Chaos im Universum also wächst, bringen zur gleichen Zeit evolutionäre Prozesse immer höher organisierte Strukturen hervor.«[13] Hier nun setzen die Extropianer an und arbeiten an der »Überwindung der gegenwärtigen menschli-

---

9 | G. S. Freyermuth, Die Avantgarde der Evolution, in: www.heise.de/tp/artikel/2/2040/1.html (abgerufen am 02.05.2014).

10 | Ebd.

11 | R. Kurzweil, Homo s@piens. Leben im 21. Jahrhundert – Was bleibt vom Menschen?, Köln [3]2001, 32.

12 | G. S. Freyermuth, a.a.O.

13 | R. Kurzweil, a.a.O., 32.

chen Form und ihrer Begrenzungen«.[14] Ihren welt- und weltallweiten Kampf gegen die drohende Entropie führen sie auf der Basis wissenschaftlicher Rationalität. Voraussetzung der von ihnen forcierten Fortentwicklung der Menschheit ist das vollkommen freie Spiel der Kräfte. »Ökonomisch tendieren sie folgerichtig zur unbegrenzten Konkurrenzwirtschaft, politisch mehrheitlich zum Liberalismus und Anarchismus. Den Umweltschutz wollen sie dem Markt überantworten, das Rechtssystem privatisieren. Ihre Utopie ist die endlose Ausbreitung posthumaner Intelligenzen durch das Universum, ihr bescheideneres Nahziel die Umwandlung der menschlichen Rasse in eine unsterbliche transhumane Spezies.«[15] In der Werteskala des Extropianismus rangieren Vitalität, Intelligenz, Kreativität und Individualismus ganz oben[16]; seine Prinzipien lauten: kontinuierlicher Fortschritt, Selbstverbesserung, aktiver Optimismus, intelligente Technologie, offene Gesellschaft, Selbstbestimmung und Rationalität.[17] Diese Prinzipien teilen auch die Anthropozäniker.

Max More umreißt die Intention des Extropianismus folgendermaßen: »Für uns Extropianer und andere Transhumanisten ist das Menschliche eben nicht genug, wir wollen mehr als menschlich sein – wir wollen die Menschheit überwinden. Die besten Eigenschaften der Menschen behalten, aber andere weiter ausbauen.«[18]

Ray Kurzweil, einer der bekanntesten Computerspezialisten in den USA und Extropianer, entwirft folgendes postbiologische Szenarium:

14 | G. S. Freyermuth, a.a.O.

15 | Ebd.

16 | Ebd.

17 | M. More, Die Extropischen Grundsätze, in: www.transhumanismus.de/Dokumente/ep30.html (abgerufen am 21.11.2002).

18 | Ders., in: Körper wie Kleidungsstücke. Die Transhumanisten wollen ewig leben – und die Welt beherrschen?, in: www.3sat.de/kulturzeit/themen/31199/index.ht, S. 2 (abgerufen am 05.05.2002).

»Die Computertechnik versetzt uns in die Lage, jahrhundertealte Probleme zu lösen. Sie weist uns den Weg in eine postbiologische Zukunft, die das Wesen von Sterblichkeit verändert. [...] Vor Ablauf des nächsten Jahrhunderts [gemeint ist das 21. Jahrhundert, J.M.] wird der Mensch seine Stellung als das intelligenteste und das leistungsfähigste Wesen auf Erden verloren haben. Doch halt – diese Prognose steht und fällt damit, was wir unter dem Begriff ›menschliches Wesen‹ verstehen. Und hier läßt sich bereits ein wesentlicher Unterschied zwischen diesen Jahrhunderten erahnen. Anders als im jetzigen Jahrhundert wird dies die vorrangige politische und philosophische Begriffsbestimmung sein: die Frage, wie wir das Wesen des Menschen definieren.«[19]

Für Kurzweil ist ein evolutionärer Prozess im entropischen Chaos deshalb möglich, weil es ein »schriftliches Protokoll seiner Errungenschaften«[20] gebe: »Mit der Erfindung der DNS hatte die Evolution eine Art Computersprache geschaffen, mit der sie ihre Errungenschaften fortan dokumentieren konnte.«[21] Im 21. Jahrhundert werde eine neue Form der Intelligenz entstehen, die die bisherige übertreffe. Ihre Entwicklung sei nur vergleichbar mit dem Aufkommen der menschlichen Intelligenz im Laufe des evolutionären Prozesses.[22] Dadurch würden neue Fragen aufgeworfen:

»Angenommen, es gelänge im 21. Jahrhundert, den Inhalt eines menschlichen Gehirns ohne chirurgischen Eingriff (z.B. durch High-Tech-Verfahren wie der Kernspintomographie) zu scannen und auf einen Personal Computer zu kopieren: Hat die Person in der Maschine dann das gleiche Bewußtsein wie die in der menschlichen Kopiervorlage? Diese Person könnte glaubhaft versichern, sie sei in Brooklyn aufgewachsen, habe in Massachusetts stu-

19 | R. Kurzweil, a.a.O., 17/18.

20 | Ebd., 33.

21 | Ebd., 34.

22 | Ebd., 22/23.

diert, sei in den Tomographen geschoben worden und in dem Rechner wieder zu sich gekommen.«[23]

Auch der Computerexperte und Posthumanist Hans Moravec ruft das postbiologische Zeitalter aus:

»Unsere Gene und die Körper aus Fleisch und Blut, die sie hervorbringen, werden unter den neuen Verhältnissen rasch an Bedeutung verlieren. Doch wird auch unser Geist, in dem die Kultur einst ihren Ursprung hatte, bei dem Staatsstreich auf der Strecke bleiben? Das muß nicht sein. [...] Es fällt nicht schwer, sich menschliches Denken frei von der Bindung an einen sterblichen Körper vorzustellen – schließlich glauben viele Menschen an ein Leben nach dem Tode. [...] Einen Rechenvorgang – gewissermaßen den Denkprozeß des Computers – kann man an beliebiger Stelle unterbrechen, als Programm und Datei aus dem Speicher der Maschine auf einen völlig unabhängigen Computer übertragen und dort fortsetzen, als sei nichts geschehen. Man braucht sich nur vorzustellen, daß der menschliche Geist in ähnlicher (wenn auch technisch sehr viel kompliziertere) Weise aus seinem Gehirn befreit wird.«[24]

Diese Entwicklung ist für Kurzweil zwangsläufig, weil sie Teil eines evolutionären Prozesses sei.[25] Mit der Hervorbringung des Lebens sei die Entwicklung einer technikschaffenden Spezies auf der Erde vorprogrammiert gewesen. Der Philosoph und Schriftsteller Guillaume Paoli fasst Kurzweils Sicht der Evolutionsgeschichte prägnant zusammen:

»Die Entstehung der ersten Zellen brauchte Milliarden Jahre. Danach entwickelte sich die Tierwelt bis zum Säugetier wesentlich schneller. Als der Homo sapiens schließlich ›fit‹ wurde, machte die biologische Evolution

23 | Ebd., 24.

24 | H. Moravec, Mind Children. Der Wettlauf zwischen menschlicher und künstlicher Intelligenz, Hamburg 1990, 12-14.

25 | Vgl. R. Kurzweil, a.a.O., 60.

›schlapp‹ und wurde von der kulturellen Evolution übernommen. Man erfand Feuer und Steinwerkzeuge, alsdann entwickelte sich die Technologie immer rasanter, bis sich heute ein neuer Paradigmenwechsel vollziehe. Wir seien auf der Erde, um an der Evolution teilzunehmen, und es sei ebenso töricht und vergeblich, sich der Schaffung von geistigen Maschinen zu widersetzen, wie es vor einigen hunderttausend Jahren töricht gewesen wäre, sich gegen die Erfindung des Rades zu wehren.«[26]

Technik als evolutionärer Prozess ist Kurzweil zufolge »die Fortsetzung der Evolution mit anderen Mitteln«.[27]

Projektive Anthropologie

Trans- und Posthumanismus sind jedoch alles andere als eine US-amerikanische Spinnerei. Auch hierzulande greifen immer mehr Philosophen und Naturwissenschaftler und nun auch Anthropozäniker trans- und posthumanistische Gedanken auf. 1998 gründeten europäische Transhumanisten die *World Transhumanist Association*. Mittlerweile gibt es auch in Deutschland einen eingetragenen Verein *Transhumanismus e.V.* Einflussreich sind die trans- und posthumanistischen Szenarien des Philosophen Peter Sloterdijk.[28] Seines Erachtens sei bereits die früheste Anthropogenese Resultat einer artifiziellen, unnatürlichen, zuletzt technischen Intervention in natürliche Prozesse. Deshalb spreche auch nichts dagegen, so Sloterdijk, die Evolution des Menschen im Zeitalter seiner gentechnischen Manipulierbarkeit voranzutreiben.[29] Die Einsicht in die »Technizität

26 | Vgl. G. Paoli, Die Menschen werden dümmer als Maschinen, in: Glück ohne Ende, a.a.O., 122-133, 124/125.

27 | R. Kurzweil, a.a.O., 60.

28 | Vgl. P. Sloterdijk, Das Menschentreibhaus. Stichworte zur historischen und prophetischen Anthropologie, Weimar 2001.

29 | Vgl. ders., Der operable Mensch. Anmerkungen zur ethischen Situation der Gen-Technologie. Unv. MS (im Folgenden sind Zitate ohne Anmer-

der Menschwerdung« (Vilém Flusser) öffne uns heute die Augen dafür, dass wir in ein »homöotechnisches Zeitalter« einträten, in dem wir es nicht mehr mit einem Willen zur Macht, also mit einem Willen zur technischen Machtergreifung zu tun hätten, sondern mit einem neuen Menschen, der ein kreativer Autoplastiker sei. Die Herrschaftstechnik habe bislang mit dem Messer gearbeitet. Das Messer sei ein Trennmittel, mit dem man Elemente aus der alten, noch nicht verstandenen Natur herausschneide, um sie für etwas in Sklavendienst zu nehmen, was ihnen eigentlich fremd sei. Die herrschaftsfreie Beziehung der Gentechnik basiere dagegen auf der Technik des Schreibstifts, mit der sich die Dinge selbst weiterschreiben würden. Derjenige, der den Schreibstift halte, benehme sich wie der Musiker, der eine Partitur spielt. Hier walte kein Rohsubjekt, sondern ein Feinsubjekt.[30] Das Messer sei ein Zwangsmittel, Ausdruck harter Technologie; hingegen stehe der Schreibstift für eine Alternativtechnologie, für sanfte Technologie.[31] Bis zur Entschlüsselung des menschlichen Genoms seien wir alle Analphabeten gewesen, erst jetzt beginne eine Alphabetisierung, die uns langsam zu Lesern und schließlich zu Co-Autoren machen werde.

Denkt man an die Technizität der Menschwerdung, so folgert Sloterdijk, geschieht dem Menschen nichts Fremdes, wenn er sich weiterer technischer Hervorbringung und Manipulation aussetzt. Menschen »tun nichts Perverses, wenn sie sich technisch verändern, vorausgesetzt diese Eingriffe und Hilfen geschehen auf einer so hohen Ebene von Einsicht in die biologische und soziale Natur des Menschen, daß sie als authentische, kluge und gewinnende Koproduktionen mit dem evolutionären Potential wirksam wer-

---

kung diesem Text entnommen). Siehe dazu auch: www.oocities.org/hoefig_de/MaterialPl/Sloterdijk_Ethik_der_Gentechnologie.htm (abgerufen am 02.05.2014).

30 | Ders., in: Glück ohne Ende. Kapitalismus und Depression II, a.a.O., 45/46.

31 | Vgl. ebd., 60/61.

den können«.[32] Die anstehenden anthropoplastischen Operationen basierten also auf einer Homöotechnik, die die vorherigen technischen Herrschaftsprozesse unterlaufe, denn diese Operationen könnten ihrem Wesen nach nichts ganz anderes wollen als das, was die »Sachen selbst« von sich her seien oder werden könnten.

Und Sloterdijk fährt fort:

»Die ›Materien‹ werden im komplexen Denken von ihrem Eigensinn her konzipiert und von ihren maximalen Eignungen her in Operationen einbezogen – sie hören damit auf, das zu sein, was traditionell als ›Rohstoff‹ bezeichnet zu werden pflegte. Rohstoffe gibt es nur dort, wo Rohsubjekte – sagen wir der Deutlichkeit zuliebe herkömmliche Humanisten und Egoisten – Rohtechniken auf sie anwenden. Die Homöotechnik hingegen kommt, weil sie es mit real existierender Information zu tun hat, nur noch auf dem Weg der Nicht-Vergewaltigung des Seienden voran; sie greift Intelligenz intelligent auf und erzeugt neue Zustände von Intelligenz; sie hat Erfolg als Nicht-Ignoranz gegen verkörperte Qualitäten. [...] Sie hat eher den Charakter von Kooperationen als den von Herrschaft, auch bei asymmetrischen Beziehungen.«[33]

Allotechnische Gewohnheiten würden im homöotechnischen Bereich nicht mehr greifen, denn die genetischen Partituren arbeiteten mit Vergewaltigern nicht zusammen. »Man darf sogar fragen, ob nicht das homöotechnische Denken [...] das Potential besitzt, eine Ethik der feindlosen und herrschaftsfreien Beziehungen freizusetzen.«[34]

Dem Menschen kommt also die Aufgabe zu, sich selbst zum Projekt zu machen. Projekt meint hier, dass Werden und Wollen Synonyme werden, und zwar so sehr, dass das Werden als Wille ersichtlich wird. Wenn »Mensch« das Resultat dieser Menschwerdung ist – so wäre mit dem von den Transhumanisten geschätzten

32 | Ders., Der operable Mensch, a.a.O.

33 | Ders., Das Menschentreibhaus, a.a.O., Weimar 2001, 71/72.

34 | Ders., Der operable Mensch, a.a.O.

Philosophen Vilém Flusser zu sagen – »und nicht mehr als ein in Menschwerdung begriffenes Tier definiert wird, dann ist alles, was wir bisher ›Mensch‹ genannt haben, bestenfalls ein Halbfabrikat, und die immer immaterieller werdenden Systeme zum Prozessieren von Informationen sind dann menschlicher als Menschen, die sie erzeugt haben«.[35]

Einer solchen Anthropologie zufolge wohnen wir in einem zoologischen Garten, aber noch nicht als Mensch, sondern als ein Tier, das vielleicht gerade dabei ist, »Mensch« zu werden.[36] Diese Anthropologie ist als »projektive Anthropologie«[37] zu bezeichnen, da sie nicht eigentlich »vom« Menschen, sondern eher »zum« Menschen handelt.[38]

Der Körperleib des Menschen

Bereits Aldous Huxley prognostizierte in seinem Roman *Schöne neue Welt* aus dem Jahre 1932: »Die Entfesselung der Atomkraft bedeutet wohl eine große Revolution in der Menschheitsgeschichte, nicht aber [...] die letzte und tiefgreifende Revolution. Diese wirklich revolutionäre Revolution läßt sich nicht in der äußeren Welt bewirken, sondern nur in den Seelen und Körpern der Menschen.«[39] Die Trans- und Posthumanisten arbeiten auf diese Revolution hin. Sie schreiben nicht nur den Körper neu, sie negieren ihn. Mit dem Körper verschwindet aber auch der Mensch in seiner Einzigartigkeit, ist doch der Körper ein Identitätsmarker.

---

35 | V. Flusser, Vom Subjekt zum Projekt. Menschwerdung, Bensheim/Düsseldorf 1994, 180.

36 | Ebd., 199.

37 | Ebd., 202.

38 | Ebd., 200.

39 | A. Huxley, Schöne neue Welt. Ein Roman über die Zukunft, Frankfurt a.M. [57]2000, 13.

Der Mensch hat nicht nur einen Körper, sondern er ist auch Leib. Der »Körperleib« (Helmuth Plessner) besitzt einen Doppelaspekt, eine Außen- und Innensicht.[40] Der Begriff des Körpers bezeichnet die Möglichkeit der Vergegenständlichung, während »Leib« die Durchformung des Körpers zum Ausdruck bringt, den lebendigen Körper, der Selbst- und Weltbezogenheit beinhaltet. Der Körperleib des Menschen ist Widerspruch zum bio- und cybergnostischen Dualismus der Trans- und Posthumanisten. Körper und Geist/Seele stehen zueinander nicht in einem dualistischen Verhältnis. In seiner Leiblichkeit ist der Mensch mit seiner Umwelt unmittelbar verbunden. Er ist berührungssensibel. Dieses Verbundensein ist zugleich auch ein Ausgeliefertsein. Durch den Leib werden Ereignisse ins Gedächtnis geritzt, ist der Mensch ein in In-Geschichten-Verstrickter. Der Mensch ist deshalb in seiner Leiblichkeit mehr als Information und Gene, nämlich Gedächtnis. Wenn er jedoch immer weniger sein eigenes Gedächtnis und immer mehr sein eigenes Experiment wird, dann droht der Einmarsch in die Inhumanität.[41]

Wider die Anthropolitik

Der Mensch wird in den projektiven Anthropologien wegen seines Mangels an Hergestelltheit beklagt. »Daß er selbst nach wie vor nur geworden und noch nicht gemacht ist, schafft ein Mißverhältnis, das die Balance des Ganzen ins Wanken bringt. Nicht seine Tatsachen sind ihm fehlgeschlagen. Vielmehr kann er nicht mit ihnen

40 | Vgl. H. Plessner, Lachen und Weinen. Eine Untersuchung nach den Grenzen menschlichen Verhaltens, Bern/München 1961; ferner: U. Jäger, Der Körper, der Leib und die Soziologie. Entwurf einer Theorie der Inkorporation, Königstein 2004.

41 | Vgl. J. B. Metz, Wider die zweite Unmündigkeit. Zum Verhältnis von Aufklärung und Christentum, in: J. Rüsen/E. Lämmert/P. Glotz (Hg.), Die Zukunft der Aufklärung, Frankfurt a.M. 1988, 81-87, 81.

mithalten, weil er nicht tatsächlich genug ist.«[42] Die Vorstellungen vom Menschen als »Mängelwesen« (Arnold Gehlen) oder »homo absconditus« (Helmuth Plessner) widersprechen einer solchen reduktionistischen Perfektibilität. Letztlich handelt es sich bei diesen Entwürfen nicht mehr um Anthropologien, sondern um Anthropolitiken. Kennzeichen einer Anthropolitik ist die Behauptung eines idealen Menschseins, das anderes nicht akzeptiert, mithin »selektieren« muss.[43]

»Ihre Aufgabe sieht [...] [die Anthropolitik, J.M.] in der Bildung einer Menschenform, die es noch nicht gibt, statt in der Bereitung von Verhältnissen, die dem entsprächen, was der Mensch immer schon war und ist, ohne daß er es wirklich hätte haben können. [...] So tendiert die Anthropolitik zu einer Beendigung der Geschichte, die nur noch so weit reichen wird, wie es braucht, um den als einzig richtig erkannten Zustand des Menschseins herzustellen. Der Mensch soll nicht werden, was er ist; werden soll ein Mensch, der noch nicht war.«[44]

Die trans- und posthumanistische Menschwerdung bedeutet Umrüstung. Der Angriff auf den Körperleib des Menschen zielt auf die Aufhebung von Kontingenz (Zeugung, Geburt), welche die conditio sine qua non von Individualität ist. Zudem verkennen die Transhumanisten und die Posthumanisten die Bedeutung der Eindrücke, denen der Leib ausgesetzt ist. Der Mensch wird nämlich mehr durch passive als durch aktive Erfahrungen weitergebracht und herausgefordert. Der Kampf gegen den verwundbaren Körperleib mündet in die Entnaturalisierung des Menschen und führt schließlich zur Verhärtung, zur Abschottung gegen Leiden und Mitleiden.

42 | M. Gronemeyer, Das Leben als letzte Gelegenheit. Sicherheitsbedürfnisse und Zeitknappheit, Darmstadt ²1996, 67.

43 | A. Steffens, Philosophie des 20. Jahrhunderts oder die Wiederkehr des Menschen, Leipzig 1999, 97.

44 | Ebd., 98/99.

Das Eingedenken der Natur im Subjekt

Der Körperleib des Menschen weist Menschsein als eine pathische Existenz aus. Ein Humanismus, der die Leiblichkeit des Menschen in den Vordergrund rückt, ist ein Humanismus des Anderen. Dieser pathische Humanismus ist ein Brennen vor Mitleid, wie Emmanuel Lévinas sagt, ein »In-Humanität-Fallen«. In-Humanität-Fallen kann es losgelöst von Leiblichkeit nicht geben. Menschwerdung beginnt mit einem solchen In-Humanität-Fallen.[45] So kann denn auch der »Wilde« zu den »Zivilisierten« in Huxleys »Schöner neuen Welt« sagen: »Was euch not tut, [...] ist etwas mit Tränen.«[46] Die hier gemeinte Fähigkeit zur »Mitleidenschaft« (Johann Baptist Metz), zum Sich-Verwunden-Lassen, enthält die Weigerung, sich dem Grundprinzip, das Kollektivziel heilige alle Mittel, zu unterwerfen. Ausgeliefertsein, Verletzbarsein, das verleiht ein Antlitz, und zwar nicht nur den Menschen, auch Tiere haben ein Antlitz. Die Trans- und Posthumanisten verkennen, dass die Leiblichkeit des Menschen keine abzuwerfende Hülle ist, sondern dass der Mensch in-karniertes Subjekt ist. Aus diesem Grund ist Schmerzfähigkeit und Leidempfindlichkeit für menschliches Erkennen essentiell. Der Mensch kann nur verstehen, wenn er nicht verhärtet. Nur derjenige verhärtet nicht, der empfindet.

Verführerisch sind die projektiven Anthropologien insofern, als sie auf einem unzweifelhaft guten Zweck beruhen: Leid nicht nur zu mindern, sondern abzuschaffen. Aber kaschiert dieser Zweck nicht letztlich die Zügellosigkeit des ganzen Unternehmens? Leistet hier nicht eine philanthropische Heuchelei der Maßlosigkeit des Bemächtigungsstrebens Vorschub?[47]

In den Golemtraditionen wird die kreative Fähigkeit des Menschen im wörtlichen Sinne verstanden. Und sie besteht in der Entzifferung von Zeichensequenzen und der ihnen inhärenten Infor-

45 | Vgl. E. Lévinas, Humanismus des anderen Menschen, Hamburg 1989.

46 | A. Huxley, a.a.O., 235.

47 | Vgl. M. Gronemeyer, Das Leben als letzte Gelegenheit, a.a.O., 70.

mationen. Aber die Erkenntnis des Bauplans der Schöpfung ist keine Nachahmung derselben.

»Die Nachahmung des Werkes [...] schafft Gott ab. In der Sprache der Tradition: Aus emet (Wahrheit) wird met (tot), aus Gottes Wahrheit Gottes Tod. Gerade da, wo die Chassidim das vollständige Wissen beanspruchten, schärften sie darum das Unterlassen des vollständigen Tuns ein. Und wo das Werk sich gleichwohl realisierte, rieten sie zur Umkehr der Zeichenfolgen, zur Umkehr von solchem Tun.«[48]

Kants berühmte Fragen (Was können wir wissen? Was sollen wir tun? Was dürfen wir hoffen?) sind deshalb durch die Frage zu ergänzen: »Was haben wir zu unterlassen?«.[49] Die Perspektiven auf den Körperleib des Menschen orientieren sich grundsätzlich weniger am Erschließbaren am Menschen als am Unerschließbaren. Wie schrieb Günther Anders: »Nicht an Können fehlt es uns also, sondern an Nichtkönnen.«[50] Da das Nichtkönnen fehlt, wäre auf ein Unterlassen zu setzen – aber ein Unterlassen aus Freiheit.[51] »Vielleicht wird die wahre Gesellschaft der Entfaltung überdrüssig und lässt aus Freiheit Möglichkeiten ungenützt, anstatt unter irrem Zwang auf fremde Sterne einzustürmen«[52] – so der Wunsch von Theodor W. Adorno.

Ein Humanismus des Anderen weist auf das Nichtkönnen und Unterlassen. Hier ist auch die eigentliche Bedrohung auszumachen, die von den gegenwärtigen Trans- und Posthumanismen und der Idee des Anthropozäns ausgeht. Der »Neue Mensch« soll nach Design-Spezifikationen und technischen Standards maßgeschnei-

48 | Dazu: J. Ebach, a.a.O., 240.

49 | Vgl. ebd.

50 | G. Anders, Die Antiquiertheit des Menschen. Bd. 2, a.a.O., 395.

51 | Vgl. J. Ebach, a.a.O., 241.

52 | T. W. Adorno, Minima Moralia. Reflexionen aus dem beschädigten Leben, Frankfurt a.M. 1997, 178 (vgl. dazu: J. Ebach, a.a.O., 241, der diesen Zusammenhang entwickelt hat und auf den ich mich hier beziehe).

dert werden. Wie wird es aber dann um unsere Fähigkeit bestellt sein, uns durch den Anderen verwunden zu lassen?

»Wie wird es um das Kind stehen, das mit einer ›Behinderung‹ geboren ist? Wird die übrige Gesellschaft diesem Kind mit Toleranz begegnen, oder wird sie es letztlich als einen Fehler im genetischen Code ansehen – mit einem Wort: als mangelhaftes Produkt? Künftige Generationen könnten viel weniger tolerant gegenüber Menschen werden, die nicht technisch reproduziert sind und von den genetischen Standards und Normen des bioindustriellen Marktes mit seinen ›optimalen Praktiken‹ abweichen. Wenn dies geschähe, könnten wir das kostbarste Geschenk überhaupt verlieren: die Fähigkeit des Menschen zur Empathie. Empathie mit dem Mitmenschen bedeutet, dass wir seine Verletzlichkeit, seine Schwächen und sein Leiden, aber auch seinen einzigartigen Kampf um Behauptung seiner Menschlichkeit mitfühlen und miterleben. Aber kann Empathie wirklich in einer Welt überleben, die letztlich von ihrem Nachwuchs Vollkommenheit erwartet?«[53]

53 | J. Rifkin, Der embryonale Marktplatz. Was ist ein Mensch: Die Ethik der Genetik, in: Süddeutsche Zeitung v. 14./15./16.04.2001.

X. Unterwegs zu einer neuen Humanökologie

Die Liquidation der Kultur

Angesichts der Klimakatastrophe stehen folgende Zukunftspfade offen: der Weg der Menschenflucht oder aber neue Wege der Menschwerdung. Die Idee des Anthropozäns enthält eine Dialektik, die letztlich in eine neue Philosophie der Menschenflucht umschlägt. Ihre äußere Stoßrichtung zielt auf eine forcierte Hominisierung der Welt. Welt soll weiter vermenschlicht werden, damit der Mensch immer mehr zum Gestalter der Welt, seiner Welt werden kann. Die Idee des Anthropozäns steht für eine entzauberte Welt. Alles, was anders ist, soll nivelliert und schlussendlich in Kultur aufgehoben werden. Am Ende bleibt dann nur noch Kultur übrig. Diese Vision verkennt, dass Kultur sich dadurch aber selbst abschafft. Kultur gibt es bekanntlich nicht ohne das ihr andere: Natur. Beide stehen in einem Wechselwirkungsverhältnis. Zum einen gefährdet Natur den Menschen. Kultur ist nicht zuletzt aus dieser Gefährdung erwachsen. Die Aufgabe von Kultur besteht deshalb darin, für Menschen befristete Bleiben zu schaffen, die Welt bewohnbar zu machen.[1] Zum anderen inspiriert Natur Kultur immer wieder aufs Neue.[2] Aus diesem Grund gilt: »Nur eine Kultur, die ihr Anderes nicht für

---

1 | Vgl. dazu B. Liebsch, Gastlichkeit und Freiheit. Polemische Konturen europäischer Kultur, Weilerswist 2005,23.

2 | Vgl. ebd., 28.

endgültig liquidiert hält, kann Bestand haben.«[3] Diese Erkenntnis verdankt sich nicht zuletzt der Einsicht, dass der Mensch als Kulturschaffender selbst Teil der Natur ist. Aber auch die Natur ist mehr als bloße Natur. Sie enthält Geist in sich. Der Philosoph Hans Jonas spricht davon, dass der Geist der Materie »zu all den Eigenschaften, die ihn die Physik davon lehrt, noch die Begabung mit der Möglichkeit des Geistes, mit seiner [...] Ermöglichung«[4] zuerkennen muss. Jonas geht so weit, dass er die Materie als »von Anbeginn schlafenden Geist«[5] bezeichnet.

Natur und Technik

Auch die Technik ist nicht etwas, das vom Himmel gefallen ist. Der Philosoph Ryôsuke Ohashi bringt diesen Zusammenhang folgendermaßen auf den Punkt: »Die Technik, die sich gegen die Natur wendet, entstand aus der Natur selbst. Es scheint, dass die Natur in sich selbst den Charakter der Anti-Natur birgt.«[6] Technik ist nicht Anti-Natur in dem Sinne, dass sie Natur überspringt, kann sie doch die Naturgesetzmäßigkeiten nicht ignorieren, die das Fundament der Technik sind. All das ist den Physikern sehr geläufig. Sie haben »die theoretisch längst angenommene ›Antimaterie‹ in physikalischen Experimenten festgestellt und bewiesen, dass jedes Elementarteilchen ein diesem entsprechendes Antiteilchen hat.«[7] Für Ohashi ist in der Natur des Menschen selbst das »Geheimnis

---

3 | Ebd., 27/28.

4 | H. Jonas, Materie, Geist und Schöpfung. Kosmologischer Befund und kosmogonische Vermutung, Frankfurt a.M. 1988, 39.

5 | Ebd.

6 | R. Ohashi, Technik als Anti-Natur in der Natur selbst?, in: http://philosophie-indebate.de/1166/indebate-technik-als-anti-natur-in-der-natur-selbst-aus-der-sicht-der-compassion-auch-im-buddhistischen-sinne/ (abgerufen am 01.05.2014).

7 | Ebd.

des Umschlags der Natur in die Anti-Natur«[8] grundgelegt. Aus der Differenz zwischen Natur und Technik wird bei Sloterdijk eine radikale Unterscheidung. Natürlichkeit und Gegennatürlichkeit stehen einander gegenüber:

»Alle Technik ist bisher kontranatural gewesen, weil sie Prinzipien eingesetzt hat, die in der Natur so nicht vorkommen, zum Beispiel den Schnitt der klaren Messerklinge, die reine Rotation des Rades, die Flugbahn des Pfeils, der vom Bogen schnellt, die Knotenkunst und so weiter. Technik war über Jahrtausende hinweg meistens Allotechnik, das heißt auf gegennatürlichen Funktionen und Geometrien aufgebaute Mechanik. Allotechnischen Maschinen sieht man auf den ersten Blick an, dass sie Maschinen und keine Naturen sind. Jetzt ist zum ersten Mal die Schwelle erreicht, wo die Technik anfängt, eine naturähnliche Technik zu werden – Homöotechnik statt Allotechnik. Sie bricht nicht mehr so sehr mit dem modus operandi der Natur, sondern knüpft jetzt an, sie lehnt sich an, sie kooperiert, sie schleust sich ein in Eigenproduktionen des Lebendigen, die aufgrund evolutionärer Erfolgsmuster im Gang sind.«[9]

Die Anthropotechnik, auf die Sloterdijks homöotechnische Reflexionen zielen, erscheint so als Bestandteil evolutionärer Prozesse. Ihr Ziel ist jedoch letztlich die Aufhebung der Natur. Gegen Sloterdijks anvisierte Homöotechnik, die den Weg in den Trans- und Posthumanismus ebnet, setzt die neue Humanökologie auf eine humanisierte Technik. Deren Sinnbild ist das Fahrrad:

»Vom Stand der Technik aus gesehen erscheint das Fahrrad als der Gipfel der Versöhnung von Mensch und Natur. Das Fahrrad als Versprechen einer humanen Moderne, einer humanen Technik, die sich symbiotisch zur Natur verhält. Das Fahrrad reißt den Menschen nicht aus der Natur heraus. Das Fahrrad ist dem Menschen zu Diensten, ohne dass er über ihm thront. Der

---

8 | Ebd.

9 | P. Sloterdijk, in: ders./H.-J. Heinrichs, Die Sonne und der Tod. Dialogische Untersuchungen, Frankfurt a.M. 2001, 134/135.

strampelnde Mensch auf dem Rad taugte nie als Sinnbild von Hybris. Das Fahrrad ist das letzte Versprechen einer Technik ohne Dialektik, ohne Umschlag in die Katastrophe.«[10]

Kultur und Barbarei

Reflexionen über die Schwierigkeiten der Verhältnisbestimmung von Natur und Kultur, von Natur und Technik sucht man bei den Anthropozänikern vergeblich. Ihre Ausführungen basieren auf einer unterkomplexen Verhältnisbestimmung von Kultur und Natur. Aus diesem Grund verstehen ihre Vertreter auch nicht, dass der Mensch, wenn er sich radikal der Natur durch Kultur zu entwinden versucht, ihr letztlich umso mehr zufällt. Davon zeugt nicht zuletzt die Klimakatastrophe, aber auch die Dreifachkatastrophe Fukushima. »Der AKW-Unfall ist allem Anschein nach dasjenige Unglück, das geschehen ist, indem die tobende Natur das technisch Produzierte zerstörte«[11] – so schreibt der Philosoph Katsuya Akitomi. Zudem sollte nicht verschwiegen werden, dass der Mensch mit jedem Versuch, die Natur zu überlisten, sich selbst auch, weil er Teil derselben ist, Gewalt antut. Max Horkheimer und Theodor W. Adorno haben diesen Zusammenhang am Mythos des Odysseus exemplifiziert.[12] Erinnern wir uns: Die Göttin Kirke warnt Odysseus auf seiner Fahrt vor den Sirenen, deren schöner Klang die Sinne dermaßen verwirrt, dass niemand es überlebt. Aber sie gibt ihm auch einen Rat mit auf dem Weg: Verstopfe den Ruderern die Ohren, binde dich an den Schiffsmasten. Mit dieser List gelingt es Odysseus, den bezaubernden Klang zu hören, ohne sterben zu müssen. Für Horkheimer und Adorno verdeutlicht dieser Mythos die Dialektik

---

10 | M. Probst, »Philosophie des Radfahrens«. Die letzte humane Technik, in: Die Zeit v. 18.05.2013.

11 | K. Akitomi, a.a.O.

12 | M. Horkheimer/T. W. Adorno, Dialektik der Aufklärung. Philosophische Fragmente, Frankfurt a.M. 1986, 42-73.

der »List der Vernunft« (Georg Wilhelm Friedrich Hegel). Mit der Vernunft kann der Mensch Natur bezwingen, aber er zahlt dafür einen hohen Preis. Die Überlistung der Natur gelingt nämlich nur durch Selbstkettung. Diese Entsagung, der Verzicht auf Hingabe an Natur, führt schlussendlich zur Verhärtung. Der moderne Mensch »opfert das Lebendige in sich, um sich als verhärtetes Selbst zu retten«.[13] Die Beherrschung der äußeren Natur schlägt letztlich um in die Unterdrückung der inneren, der menschlichen Natur: »Furchtbares hat die Menschheit sich antun müssen, bis das Selbst, der identische, zweckgerichtete, männliche Charakter des Menschen geschaffen war, und etwas davon wird noch in jeder Kindheit wiederholt.«[14] Je mehr der Mensch die Umwelt sich anpasst, Umwelt zur »Unswelt« (Reinhold Leinfelder) umgestaltet, desto mehr verarmt er an Erlebnissen und Erfahrungen. Der Gärtner im Anthropozän droht am Ende zum großen Gleichmacher zu avancieren. Im Zuge der Weltgärtnerei schlägt Kultur in Barbarei um: Die Gewalt gegen die äußere Natur beinhaltet nicht nur die Gewalt gegen die menschliche, innere Natur; die Herrschaft über die erste Natur mündet schließlich in die Herrschaft der »zweiten Natur«, in Gewalt gegen andere Menschen.[15] Statt auf diese Verstrickungen zu reflektieren, sich ihnen auszusetzen, flüchten sich Anthropozäniker in trans- bzw. posthumanistische Visionen vom neuen Menschen, in denen die Abschaffung des humanen Menschen imaginiert wird. Die Welt im Horizont des Anthropozäns betrachtet, ist nicht nur eine entzauberte, sie ist auch eine enthumanisierte Welt.

13 | R. Wiggershaus, Die Frankfurter Schule. Geschichte – Theoretische Entwicklung – Politische Bedeutung, München 1988, 368.

14 | M. Horkheimer/T. W. Adorno, Dialektik der Aufklärung, a.a.O., 1986, 33.

15 | Vgl. ebd., 28/29.

Das Versprechen der Kultur

Gegen diese fortschreitende Hominisierung setzt die neue Humanökologie auf eine Humanisierung, die Räume schafft für Andere und Anderes. Die neue Humanökologie ist ganzheitlich ausgerichtet. Sie nimmt nicht nur die Umweltzerstörung wahr, sondern gleichursprünglich auch die Zerstörung soziokultureller Umwelten.[16] Hoffnung sieht sie allein in der Rettung des Humanum. Mit dieser Fokussierung unterscheidet sich die neue Humanökologie sowohl von der alten als auch von der neueren Humanökologie. Letztere untersuchen die Wechselwirkungen von Gesellschaft, Mensch und Umwelt aus disziplinübergreifender Perspektive unter Berücksichtigung der physischen, kulturellen, wirtschaftlichen und politischen Aspekte.[17] Bisherige humanökologische Arbeiten zeichnen sich zumeist durch Systemanalysen aus, welche die Anpassungsfähigkeit der Spezies Mensch in den Blick nehmen. In unmittelbarer Nachbarschaft zur bisherigen Humanökologie steht auch die Kulturökologie. Beide beeinflussen einander. Die Kulturökologie ist jedoch stärker als die bisherige Humanökologie auf das Verhältnis Mensch-Natur ausgerichtet, das sie aus der Perspektive kultureller Handlungen betrachtet. Dabei fragt sie auf der Basis behavioristischer, kybernetischer und systemtheoretischer Modelle vor allem nach der Anpassungsfähigkeit des Menschen an seine Umwelt. Der Mensch wird also sowohl in human- als auch kulturökologischen Arbeiten als Teil seiner physischen Umwelt gesehen. Aus diesem Grund zielen beide Ökologien darauf, den Menschen in die Welt einzupassen.

16 | Vgl. Johannes Paul II, Centesimus Annus«, Nr. 38, in: www.vatican.va/holy_father/john_paul_ii/encyclicals/documents/hf_jp-ii_enc_01051991_centesimus-annus_ge.html (abgerufen am 02.05.2014).

17 | Siehe dazu die Homepage der Deutschen Gesellschaft für Humanökologie, in: http://dg-humanoekologie.de/www/dghde (abgerufen am 10.07.2014).

Die neue Humanökologie, für die hier plädiert wird, stellt demgegenüber das Humanum geradezu emphatisch in den Vordergrund. Der Unterschied zwischen den bisherigen Humanökologien und dem hier angezielten neuen Verständnis lässt sich anhand eines Beispiels erläutern. Im Zusammenhang humanökologischer und kulturökologischer Debatten wird immer wieder auf Roy A. Rappaport Bezug genommen. Von ihm stammt folgendes Zitat:

»The slaughter and consumption of a deer by a lion armed only with his claws and by hunters armed with bows and arrows or shotguns and speaking to each other while they hunt are, ecologically speaking, transactions of the same general type. It does not, from the ecosystemic point of view, matter that the behaviour of the men is cultural and the behaviour of the lion is not, and we can surely say that cultures, or components of cultures, form major parts of the distinctive means employed by human populations in fulfilling their biological needs in the ecoystemy in which they participate.«[18]

Aus Sicht der hier vertretenen neuen Humanökologie macht es allerdings sehr wohl einen großen Unterschied, dass das Verhalten des Menschen kulturell geprägt ist: Weil nämlich das Verhalten des Menschen kulturell bedingt ist, ist es nicht nur stärker veränderbar als das des Löwen, sondern es hat auch, so es als kulturell charakterisiert wird, einen normativen Anspruch. Kulturelle Lebensformen werden nämlich von Menschen entwickelt, um einander davon zu überzeugen, dass nicht nur das eigene Leben, sondern auch das der und des Anderen des Lebens wert ist. Kultur steht für eine »Herabsetzung des Kampfes ums Dasein«[19]. Von Kultur zu reden bedeutet deshalb, ein Versprechen zu geben: Gewalt zu minimieren oder zumindest die Wiederholung extremster Gewalt auszuschließen.[20]

18 | R.A. Rappaport, Nature, Culture, and Ecological Anthropology, in: H. L. Shapiro (Hg.), Man, Culture and Society, Oxford 1971, 237-267, 242/243.

19 | A. Schweitzer, Kultur und Ethik, München 1990, 35.

20 | Vgl. B. Liebsch, Gastlichkeit und Freiheit, a.a.O, 36-41.

Der neuen Humanökologie liegt folglich ein normativer Begriff von Kultur zugrunde, und dieser führt zu anderen Konklusionen im Blick auf das von Rappaport angeführte Beispiel: Wir alle wissen, dass Tiere sowohl Freude empfinden als auch leidensfähig sind. Aus diesem Grund gibt es ja auch Tierrechte. In diesen Rechten ist bereits die Erkenntnis enthalten, dass man Tiere misshandeln und damit moralisch schlecht behandeln kann. Positiv gewendet heißt das: Tiere besitzen in unserer Gesellschaft einen moralischen Status.[21] Aus diesem Status ergeben sich Handlungsanweisungen, etwa der Imperativ, dass die vitalen Interessen von Tieren nicht den nichtvitalen menschlichen Interessen geopfert werden dürfen.[22] Das größte vitale Interesse besteht darin, am Leben zu bleiben. Dass die Jagd heute in vielen Teilen der Erde nicht mehr nötig ist, um eigene vitale Interessen zu verfolgen, zeigt bereits, dass Jagd keineswegs alternativlos ist. Das gilt auch für den Verzehr von Fleisch. Wollen wir nicht moralisch inkonsistent handeln, dann müssen diese Erkenntnisse Folgen für unseren Lebensstil haben. Ergo müssen wir, wie Albert Schweitzer fordert, »jedes Vernichten immer als etwas Furchtbares empfinden und uns in jedem einzelnen Falle fragen, ob wir die Verantwortung dazu tragen können, ob es nötig ist oder nicht«.[23] Michael Hauskeller bringt es auf den Punkt:

»Die erste Pflicht, die wir alle haben, ist uns immer wieder neu zu fragen, ob es wirklich nötig ist, so zu handeln; ob es nicht vielleicht Alternativen gibt, die weniger Leid, weniger Schaden am Lebendigen verursachen. ›Gut bleiben, heißt, wach bleiben!‹ [...] Worauf es ankommt, ist das ständige ›Ringen um Humanität‹, darum, zu jeder Zeit soviel Menschlichkeit zu wahren wie nur möglich.«[24]

21 | Vgl. dazu: M. Rowland, Animal Rights. All that matters, London 2013, 4-5.

22 | Vgl. ebd., 10.

23 | A. Schweitzer, zit.n.: M. Hauskeller, Verantwortung für alles Leben?, a.a.O., 224.

24 | M. Hauskeller, Verantwortung für alles Leben?, a.a.O., 227.

Humanität im Angesichte der Tiere

Gerade am Umgang mit Tieren zeigt sich, was Humanität heißt. Wahre Humanität offenbart sich insbesondere gegenüber denen, die auf unsere Barmherzigkeit angewiesen sind. Der Schriftsteller Milan Kundera hat recht, wenn er schreibt:

»Die Wahre menschliche Güte kann sich in ihrer absoluten Reinheit und Freiheit nur denen gegenüber äußern, die keine Kraft darstellen. Die wahre moralische Prüfung der Menschheit, die elementarste (die so tief im Innern verankert ist, dass sie sich unserem Blick entzieht) äußert sich in der Beziehung zu denen, die ihnen ausgeliefert sind: zu den Tieren. Und gerade hier ist es zum grundlegenden Versagen des Menschen gekommen, zu einem so grundlegenden Versagen, dass sich alle anderen aus ihm ableiten lassen.«[25]

Ähnliche Gedankengänge finden sich bei Theodor W. Adorno, etwa wenn er schreibt, dass über die Möglichkeit zum Pogrom bereits in dem Augenblick entschieden werde, »in dem das Auge eines tödlich verwundeten Tiers den Menschen trifft. Der Trotz, mit dem er diesen Blick von sich schiebt – ›es ist ja bloß ein Tier‹ –, wiederholt sich unaufhaltsam in den Grausamkeiten an Menschen, in denen die Täter das ›Nur ein Tier‹ immer wieder sich bestätigen müssen, weil sie es schon am Tier nie ganz glauben konnten.«[26] Dass Kultur mit Barbarei verquickt ist, offenbart sich für Adorno immerfort am Umgang mit dem Tier, so dass derjenige, der von Kultur spricht, von Barbarei nicht schweigen darf:

»Ein Hotelbesitzer, der Adam hieß, schlug vor den Augen des Kindes, das ihn gern hatte, mit einem Knüppel Ratten tot, die auf dem Hof aus Löchern herausquollen; nach seinem Bilde hat das Kind sich das des ersten Men-

25 | M. Kundera, Die unerträgliche Leichtigkeit des Seins, Frankfurt a.M. 442013, 335/336.

26 | T. W. Adorno, Minima Moralia, a.a.O. Frankfurt a.M. 1987, 133.

schen geschaffen. Daß das vergessen wird; daß man nicht mehr versteht, was man einmal vorm Wagen des Hundefängers empfand, ist der Triumph der Kultur und deren Mißlingen. Sie kann das Gedächtnis jener Zone nicht dulden, weil sie immer wieder dem alten Adam es gleichtut, und das eben ist unvereinbar mit ihrem Begriff von sich selbst. Sie perhorresziert den Gestank, weil sie stinkt; weil ihr Palast, wie es an einer großartigen Stelle von Brecht heißt, gebaut ist aus Hundescheiße. Jahre später als jene Stelle geschrieben ward, hat Auschwitz das Mißlingen der Kultur unwiderleglich bewiesen. Daß es geschehen konnte inmitten aller Tradition der Philosophie, der Kunst und der aufgeklärten Wissenschaften, sagt mehr als nur, daß diese, der Geist, es nicht vermochte, die Menschen zu ergreifen und zu verändern. In jenen Sparten selber, im emphatischen Anspruch ihrer Autarkie, haust die Unwahrheit. Alle Kultur nach Auschwitz, samt der dringlichen Kritik daran, ist Müll.«[27]

Adornos Kritik basiert auf zwei Einsichten: Erstens hat die – und an dieser Stelle wäre Adornos Kritik zunächst einzuschränken – *deutsche* Kultur die Katastrophe nicht verhindert, zweitens arbeitet sie an der Verdrängung derselben und damit ihrer Wiederholung entgegen, wenn sie auf dem Gedanken beruht, dass »nach diesem Krieg das Leben ›normal‹ weitergehen oder gar die Kultur ›wiederaufgebaut‹ werden könnte [...]«.[28] Worauf wartet eine Kultur noch, so fragt Adorno, für die der Mord an Millionen Juden nur ein Zwischenspiel ist und nicht die Katastrophe selbst?[29] Adorno zeigt eine Aporie auf: Wer für die »Erhaltung der radikal schuldigen und schäbigen Kultur plädiert, macht sich zum Helfershelfer, während, wer der Kultur sich verweigert, unmittelbar die Barbarei befördert, als welche sich Kultur enthüllte«.[30] Dieser Aporie ist nur um den Preis des Vergessens zu entkommen. Ihre Wahrnehmung erfordert ein

27 | Ders., Negative Dialektik, a.a.O. , 359.

28 | Ders., Minima Moralia, a.a.O., 65.

29 | Vgl. ebd., 65.

30 | Ders., Negative Dialektik, a.a.O., 360.

Standhaltenkönnen, da sie nicht kompensierend, sondern problemverschärfend wirkt.

Die neue Humanökologie entwickelt ein Verständnis von Kultur, das sich der Dialektik von Kultur und Barbarei immer wieder neu vergewissert, das die Funktion von Kultur nicht auf die Anpassung an die physische Umwelt und auch nicht auf die Kompensation der durch Modernisierungsprozesse entstandenen Folgeschäden beschränkt. Nur so kann es überhaupt gelingen, Kultur als Projekt der Humanisierung voranzutreiben. Die Humanisierung, von der hier zu reden ist, gründet in einer Empfindung, die man einst, wie Adorno schreibt, vor dem Hundefänger hatte. Ähnliche Erfahrungen hat jeder/jede gemacht. Es sind diese Empfindungen, die bereits den Keim zur ethischen Gesinnung in sich bergen.[31] Was sowohl Adorno als auch Schweitzer kritisieren, das ist die Gedankenlosigkeit, die unser Leben bestimmt, dass wir nämlich die meisten dieser Empfindungen verdrängen und vergessen, um uns »nicht lächerlich zu machen, um nicht abzuweichen von dem, was man von [...] [uns, J.M.] erwartet, um [...] [unser, J.M.] eigenes Leben leben zu können, ohne [...] [uns, J.M.] dabei groß um das Leben anderer kümmern zu müssen«.[32]

Selbstachtung und die Achtung des Anderen

Humanisierung setzt Selbstachtung voraus. Der Respekt vor der Natur, insbesondere vor den Tieren, ist Teil eigener Selbstachtung, wie der Philosoph Avishai Margalit schreibt:

»Was den Respekt vor Tieren betrifft, so ist dieser eindeutig anthropozentrisch. [...] Wir fühlen uns hauptsächlich Tieren gegenüber zur Achtung verpflichtet, die in unserer Kultur zu hervorstechenden menschlichen Symbolen geworden sind. Einen Adler, Sinnbild für Freiheit und Macht, in einen

31 | Vgl. M. Hauskeller, Verantwortung für alles Leben?, a.a.O., 213.

32 | Ebd., 213.

Käfig zu sperren und am Fliegen zu hindern gilt denn auch geradezu als Vergewaltigung seines eigentlichen Wesens und ist der Bedeutung nach etwas völlig anderes, als einen Papagei gefangenzuhalten. Wenn wir sagen, wir würden ein Tier achten, dann meinen wir eigentlich, daß wir uns selbst achten.«[33]

Humanökologie handelt aber nicht nur von der Selbstachtung, sondern auch, und zwar primär von der Achtung des Anderen.

»Der Kern jeder Moral ist die Achtung des anderen«[34] – so der Rassimus-Experte Albert Memmi. Die Aufgabe besteht darin, eine humanere Welt zu schaffen. So lange jedoch, »bis eines Tages auch die Tiere in ihr Frieden und Sicherheit finden werden, müssen wir dafür Sorge tragen, daß wenigstens die Menschen, und zwar alle Menschen, nicht mehr wie Tiere behandelt werden.«[35]

Von der Zivil- zur Kulturgesellschaft

Anders als die in erster Linie von der technik- und naturwissenschaftlichen Sichtweise geprägte Idee des Anthropozäns geht die neue Humanökologie von der wesentlichen Werthaftigkeit der Wirklichkeit aus. Dabei nimmt sie die Welt in ihrer Mannigfaltigkeit wahr. Humanökologie in dem hier entwickelten emphatischen Verständnis begreift sich als eine aktivierende Disziplin, die ihre Aufgabe in der Mitarbeit an einem Kulturwandel sieht. Für die ethische Reflexion bedeutet dies, dem Druck einer Zivilisation der Machbarkeit zu widerstehen und das Sollen nicht auf das Können zu reduzieren, denn »daraus, daß wir vielleicht nicht immer können, was wir sollen, folgt eben nicht, daß wir es nicht sollen«.[36]

33 | A. Margalit, Politik der Würde. Über Achtung und Verachtung, Berlin 2012, 71.

34 | A. Memmi, Rassismus, Hamburg 1992, 148.

35 | Ebd.

36 | M. Hauskeller, Verantwortung für alles Leben?, a.a.O., 212.

Ethik darf sich auch nicht durch den Verweis auf Praktikabilität einschränken lassen. Sie gründet nicht in rationaler Konstruktion, sondern wurzelt im Erleben.[37]

Der gebotene Kulturwandel, auf den die neue Humanökologie zielt, setzt im 21. Jahrhundert vor allem eine Ressource voraus: Kreativität. Kreatives Handeln zeichnet sich dadurch aus, dass es nicht durch klare Zwecke und Ziele, sondern durch Handlungsprobleme motiviert wird[38]:

»Im Fall von Handlungsproblemen werden zwischen Impulsen und Handlungsmöglichkeiten experimentell Verknüpfungen hergestellt, von denen eine nur realisiert wird, die in ihrer besonderen Realisierungsweise aber beinflusst ist von den anderen durchgespielten Möglichkeiten. Auch der Verlauf einer Handlung ist keineswegs immer ein für allemal festgelegt; typisch ist vielmehr die kontinuierliche Revision und ständige konstruktive Erzeugung des verfolgenden Kurses.«[39]

Kreative Akteure bilden sich erst in der Auseiandersetzung mit Problemlagen.

»Bewegungen definieren erst die Probleme, auf die sie sich beziehen; sie erzeugen Motive und Identitäten, formen neue soziale Beziehungen und Gemeinschaften, geben Anlass zu tiefgreifenden Identitätsveränderungen (Konversion und Regeneration), produzieren affektiv besetzte Symbole und hinterlassen symbolische Bindungen von biographie-strukturierender Kraft. Auf all diese Phänomene fällt kein Licht, wenn ein rationalistisches oder normativitisches Handlungsmodell zugrunde gelegt wird.«[40]

37 | Vgl. ebd., 213.

38 | Vgl. dazu: H.-J. Schubert u.a. (Hg.), Pragmatismus zur Einführung, Hamburg 2010, 182.

39 | H. Joas, Pragmatismus und Gesellschaftstheorie, Frankfurt a.M. 1992, 294; vgl. dazu auch: H.-J. Schubert, a.a.O., 182.

40 | H. Joas, Die Kreativität des Handelns, Frankfurt a.M. 1996, 304.

Voraussetzung von Kreativität ist Selbstkritik: »Creative activity is our great need; but criticism, self-criticism, is the road to its release.«[41] Kreativität entsteht in der Auseinandersetzung mit einschränkenden, die Aktion hemmenden Strukturen. Sie findet nicht in einem luftleeren Raum statt. In diesem Sinne ist sie »situierte Kreativität«.[42] Kreativität wird in einer Gesellschaft generiert, die Menschen zu einem humanen Leben befähigt, in der Kunst, Kulturen, Humanismen und Religionen zum Kern des Zusammenlebens gehören. Kreativität gibt es nicht ohne Möglichkeitssinn und dieser wiederum gründet im Glauben an eine im Menschen angelegte Potenzialität. Nun reden wir zwar über ökologische Umwelten, die wir den künftigen Generationen hinterlassen müssen, ebenso über soziale Umwelten, die junge Menschen, allen voran Kinder, zum Aufwachsen benötigen. Aber wir scheinen blind dafür zu sein, dass Menschen, gerade junge Menschen und die künftigen Generationen auch kulturelle Umwelten benötigen. Ohne Kulturen und Künste, aber auch ohne Religionen kommt uns nämlich der Sinn für Möglichkeit abhanden. Sind es doch die komplexen, vielfach gebrochenen kulturellen und auch religiösen Traditionen, die unsere Welt immer wieder neu mit nicht-hergestelltem Möglichkeitssinn aufladen.[43] An der Zeit ist deshalb die Transformation der Zivilgesellschaft in eine Kulturgesellschaft.[44]

Die neue Humanökologie kämpft gegen die Normativität der Alternativlosigkeit. Nun wird zwar auch in der bisherigen Humanökologie, die bei dem Wissenschaftsideal des empirischen Beschreibens ansetzt, ausdrücklich auf den Schriftsteller Robert Musil Bezug genommen, um das Ideal von Wirklichkeit mit Möglichkeit zu verbinden. Nach Musil ist es die Wirklichkeit, die die Möglichkeit

41 | J. Dewey, The Later Works of John Dewey Volume 5, Carbondale 1984, 143.

42 | H. Joas, Die Kreativität des Handelns, a.a.O., 197.

43 | Vgl. dazu: J. Manemann, Wie wir gut zusammen leben, a.a.O., 26/27.

44 | Vgl. dazu: A. Goehler, Verflüssigungen, a.a.O.

weckt.[45] Während jedoch von Seiten der bisherigen Humanökologen unter Wirklichkeit die wissenschaftlich erklärte Realität verstanden wird, zielt Musil m.E. eher auf die Befragung dieser Realität, um den Blick auf das freizusetzen, was Phänomenologen die »wirkliche Wirklichkeit«[46] nennen.

Humanes Leben

Die bisherigen Humanökologien drängen den Menschen an die Peripherie und vermögen nicht, die Frage nach der Stellung des Menschen in der Welt als *die* zentrale Frage zu begreifen. Dass sie wenig Widerstandspotenzial gegen die Visionen des Anthropozäns bieten, zeigt sich bereits daran, dass der Begriff unkritisch von der *Deutschen Gesellschaft für Humanökologie* aufgegriffen wird.[47] Die Anthropozäniker rücken zwar den Menschen ins Zentrum, setzen aber radikal-anthropozentrisch auf die Hominisierung der Welt.

Statt den Menschen an die Peripherie zu rücken, stellt die neue Humanökologie das Humanum im Sinne der Humanität ins Zentrum. Dadurch tritt eine Unterscheidung hervor, die bislang in humanökologischen Debatten nicht wahrgenommen wurde: die Differenzierung zwischen der Kulturfähigkeit des Menschen und seiner Kultur. Während die Kulturfähigkeit das Ergebnis der biologischen Evolution ist, mithin als Kulturnotwendigkeit zu verstehen ist, muss Kultur unter dem Gesichtspunkt der Geschichte betrachtet werden. Ist die biologische Evolution angetrieben vom biologischen Überleben im Sinne der Fortpflanzung und Selbsterhaltung, so zeichnet

45 | Vgl. B. Glaser, Humanökologie im internationalen Kontext: Geschichte – Institutionen – Themen, in: W. Serbser (Hg.), Humanökologie. Ursprünge – Trends – Zukünfte, München 2004, 25-44, 41.

46 | Vgl. dazu: W. H. Gleixner, Bewusstsein und Existenz. Eine phänomenologische Studie, Berlin 2012.

47 | Vgl. dazu: GAiA. Ökologische Perspektiven für Wissenschaft und Gesellschaft 3/2008.

sich Humanität dadurch aus, dass sie nicht auf das bloße Überleben im Sinne selektiver Selbsterhaltungsprozesse reduzierbar ist.[48] Menschen möchten nicht nur überleben, sondern auch ein gutes Leben und das heißt immer auch, ein humanes Leben führen. Humanität kommt vom lateinischen Wort humare: beerdigen, bestatten. Humanität zeichnet sich dadurch aus, dass wir den anderen bestatten können. Die Bedeutung von Bestattungen können wir in der Kulturgeschichte des Menschen sehr weit zurückverfolgen, fast bis zum Beginn der Menschheitsgeschichte. Vielleicht ist dieser Akt sogar der Ursprung dessen, was wir Moralität nennen, hat Moral doch in ihrem Kern damit zu tun, dass ich dem anderen einen Dienst erweise, von dem ich nicht erwarte, dass er ihn wiedergutmacht. Jemanden zu beerdigen ist ein solcher Dienst am Nächsten. Und wir beerdigen den Anderen ja nicht nur, sondern wir denken an ihn über den Tod hinaus und bezeugen so seine Würde über den Tod hinaus. Von der Humanität ausgehend, wird der Blick auf ein »nichtindifferentes Überleben« (B. Liebsch) gelenkt, das von der Trauer und der radikalen Unersetzlichkeit des Anderen affiziert ist.[49]

Gelassenheit versus Selbstoptimierung

Aus ideologiekritischer Perspektive kann die Idee des Anthropozäns auch als Überbau einer Gesellschaft interpretiert werden, die der Selbstoptimierung huldigt. In seinen Erzählungen zeigt der Schriftsteller Philipp Schöntaler eindringlich, wie die Idee der Selbstoptimierung das Leben in der Gesellschaft dominiert: im Trainingscamp, beim Tauchen, in der Shopping-Mall, in esoterischen Zirkeln, unterwegs.[50] Für Selbstoptimierer ist das Leben nach

48 | Vgl. B. Liebsch, Vom Anderen her: Erinnern und Überleben, Freiburg/München 1997, 13/14*ff*.

49 | Vgl. ebd., 15.

50 | Vgl. P. Schönthaler, Nach oben ist das Leben offen. Erzählungen, Berlin 2012.

oben offen. Der Optimierer ist zurückgeworfen auf seinen Willen. Alles andere wird ausgeklammert. Suizide, die aus Versagen und Erschöpfung resultieren, gelten allenfalls als Betriebsunfälle. Für Trauer, für den Blick zurück, bleibt weder Raum noch Zeit. Mittlerweile scheint sogar das Bedürfnis danach abhanden gekommen zu sein. Humanes Gebaren findet sich allenfalls noch beim Tier. Nicht einmal mehr die Erinnerung an vergangenes Leid vermag den Drang zur Selbstoptimierung zu unterbrechen. Memoria passionis gibt es nicht mehr. In seiner Erzählung vom Taucher zeigt Schönthaler, wie man Körper und Geist trainiert, um Höchstleistungen zu vollbringen. Dabei steht das Tauchen für die Einsamkeit in der Gesellschaft der Selbstoptimierer: »Der Eintritt ins Meer, ist ein Eintritt in die Einsamkeit.« Positives Denken muss alle negativen Emotionen auflösen: »Du darfst niemals mit negativen Emotionen ins Wasser, tauchen.« Positive Gedanken verbrauchen weniger Energie. Aus dem Drang zur Selbstoptimierung gibt es kein Entkommen: »Je entspannter du bist, desto niedriger ist dein Sauerstoffverbrauch, desto besser tauchst du.« Selbst die Entspannung ist Teil der immer effizienter werdenden Leistungssteigerung. Alles wird letztlich durch den Zwang zur Selbstoptimierung vergleichgültigt.

Die neue Humanökologie, die das Humanum ins Zentrum der Aufmerksamkeit rückt, stellt der Selbstoptimierung die Selbstverwirklichung entgegen. Identitätskonfusionen, Krisen, Kontingenzerfahrungen und Unsicherheiten – all das, was die Selbstoptimierer ausblenden, sind die psychischen Befindlichkeiten, die der Nährboden für Selbstverwirklichung sind.[51] Zur Selbstverwirklichung benötigt der Mensch die Haltung der Gelassenheit im Sinne des Habitus. Das erste Kennzeichen dieser Gelassenheit ist nicht, dass der Mensch tun kann, »was er will, als vielmehr […], dass er las-

51 | Vgl. M. Schlette, Die Idee der Selbstverwirklichung. Zur Grammatik des modernen Individualismus, Frankfurt a.M./New York 2013, 340.

sen kann, was er nicht will.«[52] Aber Gelassenheit enthält noch eine weitere Bedeutung: »Es ist ein Lassen des anderen in seiner Eigenheit und Eigenständigkeit, ein Lassen, das belässt und zulässt.«[53] Gerade diese Bedeutung ist im Umgang des Menschen mit der Welt von großer Bedeutung. Des Weiteren enthält Gelassenheit den Aspekt, des Sich-auf-den-anderen-Verlassens, denn lassen können heißt, andere gewähren lassen und vertrauen.[54] Wenn also vom Lassen die Rede ist, dann geht es um das Ablassen, Zulassen und auch das Überlassen.[55] Peter Sloterdijk reduziert Gelassenheit auf eine »Passivitätskompetenz«. Diese wiederum versteht er in einem anthropotechnischen Sinn: »Gelassenheit bedeutet, sich freiwillig und gezielt und vorübergehend aus der Hand zu geben, um etwas an und mit sich machen zu lassen. In der Gelassenheit wirkt das Subjekt auf sich ein, indem es anderen erlaubt, auf es einzuwirken.«[56] Dabei weiß Sloterdijk sehr wohl zwischen willkommenen, entlastenden und unwillkommenen, belastenden Passivitäten zu unterscheiden.[57] Sloterdijk zufolge kommt es nun auf »die maximale Kompetenz zur Teilhabe an Fremdkompetenz«[58] an. Damit ist gemeint, dass das Subjekt sich die Behandlungen, die an ihm vorgenommen wurden, im Nachhinein aneignet, das heißt, sie freiwillig integriert.[59] Für Sloterdijk heißt Gelassenheit nur noch »Sich-Überlassen-Können«.[60] Der Literaturwissenschaftler Thomas Strässle macht zu Recht darauf aufmerksam, dass nun aber genau diese mit dem »Sich-Überlassen-Können« einhergehende Inanspruchnahme

52 | T. Strässle, Gelassenheit. Über eine andere Haltung zur Welt, München 2013, 20.

53 | Ebd.

54 | Vgl. ebd., 21.

55 | Vgl. ebd.

56 | Ebd., 121/122.

57 | Vgl. ebd., 122.

58 | Ebd., 123.

59 | Vgl. ebd., 122.

60 | Ebd., 123.

durch die Gesellschaft umso mehr die Dringlichkeit der o.g. Bedeutungen von Gelassenheit offenbar werden lässt.[61]

Compassion – Programmwort der Humanökologie

Humanökologische Gelassenheit, die Raum schafft für Andere und Anderes, gründet in Leidempfindlichkeit. Aus diesem Grund lautet das humanökologische Programmwort: Compassion. Der Begriff »Compassion« steht für die Gleichursprünglichkeit von Passivität und Aktivität. Der Religionsphilosoph Johann Baptist Metz hat ihn geprägt und mit »Mitleidenschaft« übersetzt.[62] Compassion basiert auf Leidempfindlichkeit. Leidempfindlichkeit ist ein »Gemeingefühl« (Rolf Elberfeld): Jedem Menschen kann Leid zugefügt werden und ein jeder kann vom Leid des Anderen betroffen werden. Leidempfindlichkeit bedeutet Ausgesetztsein. Die Erfahrung von Leid verbindet und trennt uns. Die Fähigkeit zur Compassion weckt das Bedürfnis, dem Leiden des anderen Menschen, aber auch dem »Seufzer der bedrängten Kreatur« (Karl Marx) Ausdruck zu verschaffen.[63] Der Sozialethiker Peter Rottländer hat es auf den Punkt gebracht: »Es gibt kein Leid, das nicht angeht.«[64] Die Negativformulierung wird von Rottländer absichtsvoll gewählt, um deutlich zu machen, dass niemand für alle verantwortlich sein kann, dass es

---

61 | Vgl., ebd., 124-125.

62 | Vgl. dazu: J. B. Metz, Compassion. Zu einem Weltprogramm des Christentums im Zeitalter des Pluralismus der Religionen und Kulturen, in: ders./ L. Kuld/A. Weisbrod (Hg.), Compassion. Weltprogramm des Christentums. Soziale Verantwortung lernen, Freiburg/Basel/Wien 2000, 9-18, 13.

63 | In seiner Kritik der Hegelschen Rechtsphilosophie bezog Karl Marx den Ausdruck allerdings auf den Menschen.

64 | P. Rottländer, Ethische Rechtfertigung weltweiter Solidarität. Deskriptive, normative und methodische Aspekte, in: N. Brieskorn (Hg.), Globale Solidarität. Die verschiedenen Kulturen und die Eine Welt, Stuttgart/Berlin/ Köln 1997, 117-142, 121.

aber dennoch ein »universales Verantwortungsempfinden«[65] gibt. Von diesem universalen Verantwortungsempfinden ausgehend, das sich auf die Menschen, die Tiere und die übrige Natur bezieht, muss eine kreatürliche Solidarität begründet werden. Das Prinzip »Es gibt kein Leid, das nicht angeht« lässt offenbar werden, dass es nicht legitim ist, bestimmte Gruppen von Menschen oder Tiere und auch nicht die Natur von vornherein aus der angezielten Solidarität auszuschließen. Es geht um den »Ausschluss von Ausschlüssen«[66]. Die neue Humanökologie enthält folgenden Imperativ: Das Bedürfnis, das Leid des Anderen und der bedrängten Kreatur beredt werden zu lassen, ist Bedingung aller Ökologie.[67] Wer aber von der Compassion spricht, der darf von den Gegenkräften, die diese zu neutralisieren versuchen, nicht schweigen. Günther Anders hat darauf hingewiesen.

Humanökologie als Philosophie der Hoffnung

Während die Vertreter der Anthropozän-These einem (Fortschritts-)Optimismus huldigen, setzt die neue Humanökologie auf Hoffnung. Anders als Optimismus lässt Hoffnung Angst nicht nur zu, sie ist ohne Angst gar nicht. Wie will man für den Anderen hoffen, wenn man nicht gleichzeitig um den Anderen Angst hat? Das Gegenteil von Hoffnung ist nicht Verzweiflung, sondern Gleichgültigkeit.[68] Wer hofft, besitzt auch eine Erkenntnis davon,

65 | Ders., Vom Eigeninteresse zur Moral? Überlegungen zur ethisch-normativen Grundlegung von Entwicklungspolitik, in: A. Habisch/U. Pönir (Hg.), Signale der Solidarität. Wege christlicher Nord-Süd-Ethik, Paderborn 1994, 153-180.

66 | P. Rottländer, Ethische Rechtfertigung weltweiter Solidarität, a.a.O., 121.

67 | Formuliert in Anlehnung an Theodor W. Adorno.

68 | Vgl. E. Wiesel, Die Antwort ist in unseren Händen, in: O. Schwencke (Hg.), Erinnerung als Gegenwart. Elie Wiesel in Loccum, Freiburg 1987, 189-199.

dass Hoffnungen scheitern können. Dennoch: Wer hofft, der hofft nicht weniger als alles. Hoffnungen sind Garanten dafür, dass die großen Fragen, die Menschheitsfragen »Was ist Gerechtigkeit? Was ist Freiheit? Was ist Glück?« nicht vergessen werden. Vaclav Hável hat es auf den Punkt gebracht: »Hoffnung ist eben nicht Optimismus. Es ist nicht die Überzeugung, daß etwas gut ausgeht, sondern die Gewißheit, daß etwas Sinn hat – ohne Rücksicht darauf, wie es ausgeht.«[69] Der Begriff »Erfolg« findet sich nicht im Wörterbuch der neuen Humanökologie. Dafür fehlt den Anthropozänikern der Sinn. Sie werden deshalb über kurz oder lang den Menschen aus dem Blick verlieren. Ihre Philosophie der Menschenzeit wird am Ende in eine der Menschenflucht umkippen.

69 | V. Hável, Fernverhör. Ein Gespräch mit K. Hvížd'ala, Reinbek 1987, 220.

Literatur

G.B. Achenbach, Lebenskönnerschaft, Freiburg/Basel/Wien 2001.

T.W. Adorno, Negative Dialektik, Frankfurt a.M. [3]1982.

T.W. Adorno, Minima Moralia. Reflexionen aus dem beschädigten Leben, Frankfurt a.M. 1987.

K. Akitomi, Kerntechnik denken – Ausgehend von den Technikdiskursen bei Heidegger, in: http://philosophie-indebate.de/tag/katsuya-akitomi/ (abgerufen am 01.05.2014).

G. Anders, Die Antiquiertheit des Menschen. Bd. 1: Über die Seele im Zeitalter der zweiten industriellen Revolution, München [7]1988.

G. Anders, Die Antiquiertheit des Menschen. Bd. 2: Über die Zerstörung des Lebens im Zeitalter der dritten industriellen Revolution, München [4]1988.

H. Arendt, Vita activa oder: Vom tätigen Leben, München [12]2001.

Z. Bauman, Dialektik der Ordnung. Die Moderne und der Holocaust, Hamburg 1992.

Z. Bauman, Moderne und Ambivalenz. Das Ende der Eindeutigkeit, Hamburg 1992.

Z. Bauman, Postmoderne Ethik, Hamburg 1995.

M. Basaure/J.P. Reemtsma/R.Willig (Hg.), Erneuerung der Kritik. Axel Honneth im Gespräch, Frankfurt a.M./New York 2009.

U. Beck, Wissen oder Nicht-Wissen? Zwei Perspektiven »reflexiver Modernisierung«, in: ders./A. Giddens/S. Lash, Reflexive Modernisierung. Eine Kontroverse, Frankfurt a.M. 1996, 289-315.

C. Berndt, Resilienz. Das Geheimnis der psychischen Widerstandskraft. Was uns stark macht gegen Stress, Depressionen und Burn-out, München 2013.

E. Bohlken/V. Drell/M. Dröscher/T. Hoffmann/A. Holzknecht/J. Manemann, Kirche – Kernenergie – Klimawandel. Eine Stellungnahme mit Dokumenten, Berlin [2]2011.

T. Borsche, »Ein seinsgeschichtlicher Deutungsversuch der Atompolitik Japans und Deutschlands«, 20.09.2013 (unv. Vortrag).

P. Bourdieu, Sozialer Sinn. Kritik der theoretischen Vernunft, Frankfurt a.M. 1987.

E. Brock, Fukushima 2011 als Augenöffner für Apokalypseblinde? Eine Erinnerung an Günther Anders' Warnung der atomaren Drohung aus traurigem Anlass, in: Humanitas. Beiträge der Geisteswissenschaften 2/2014 (im Erscheinen).

A. Camus, Literarische Essays, Hamburg 1963.*A. Camus,* Der Mythos des Sisyphos, Reinbek [2]2001.

P.J. Crutzen, Die Geologie der Menschheit, in: Das Raumschiff Erde hat keinen Notausgang. Energie und Politik im Anthropozän, Frankfurt a.M. 2011, 7-10.

P.J. Crutzen, Willkommen im Anthropozän, in: C. Schwägerl, Menschenzeit. Zerstören oder gestalten? Wie wir heute die Welt von morgen erschaffen, München 2012, 7-8.

Das Anthopozän-Projekt. Eine Eröffnung, 10.01.2013, in: www.hkw.de/de/programm/2013/anthropozaen/anthropozaen_76723.php (abgerufen am 01.08.2013).

Deutsche Gesellschaft für Humanökologie, in: http://dg-humanoekologie.de/www/dghde/ (abgerufen am 10.07.2014).

J. Dewey, The Later Works of John Dewey, Volume 5, Carbondale 1984.

J. Diamond, Kollaps. Warum Gesellschaften überleben oder untergehen, Frankfurt a.M. [2]2012.

S. Dickel, Paradoxe Natur. Plädoyer für eine postromantische Ökologie, in: TTN-Infp I/14.

J. Ebach, Der Golem. Ein leibhaftiger Mensch? Oder Was wir wissen dürfen, tun können und unterlassen sollen, in: ders./H.-M. Gutmann/M.L. Frettlöh/M. Weinrich (Hg.), Jabboq. Bd. 6: »Dies ist mein Leib«. Leibliches, Leibeigenes und Leibhaftiges bei Gott und den Menschen, Gütersloh/München 2006, 230-246.

L. Festinger, Theorie der kognitiven Dissonanz, Bern [2]2012.

B. Flessner, »Wenn ich mal groß bin, möchte ich Gott werden.« Transhumanisten und Extropianer auf ihrem Weg zu Allmacht und Unsterblichkeit, in: Kursbuch 164, 04/2006.

V. Flusser, Vom Subjekt zum Projekt. Menschwerdung, Bensheim/Düsseldorf 1994.

M. Foucault, Technologien des Selbst, in: ders., Ästhetik der Existenz. Schriften zur Lebenskunst, Frankfurt a.M. 2007, 287-317.

G.S. Freyermuth, Die Avantgarde der Evolution, in: www.heise.de/tp/artikel/2/2040/1.html (abgerufen am 02.05.2014).

GAiA, Ökologische Perspektiven für Wissenschaft und Gesellschaft 3/2008.

W.H. Gleixner, Bewusstsein und Existenz. Eine phänomenologische Studie, Berlin 2012.

J. Goebbels, Michael. Ein deutsches Schicksal in Tagebuchblättern, München [16]1929.

A. Goehler, Verflüssigungen. Wege und Umwege vom Sozialstaat zur Kulturgesellschaft, Frankfurt a.M./New York 2006.

J. Goldstein, Die Entdeckung der Natur. Etappen einer Erfahrungsgeschichte, Berlin 2013, 18.

N.U. Grober, Auf dem Weg zur Glückseligkeit. Streifzug über das Begriffsfeld Nachhaltigkeit, in: A. Goehler (Hg.), Zur Nachahmung empfohlen. Expeditionen in Ästhetik und Nachhaltigkeit: Lesebuch, Ostfildern 2010, 143-147.

M. Gronemeyer, Das Leben als letzte Gelegenheit. Sicherheitsbedürfnisse und Zeitknappheit, Darmstadt [2]1996.

M. Gruhl, Die Strategie der Stehauf-Menschen. Krisen meistern mit Resilienz, Freiburg 2010.

B.-C. Han, Müdigkeitsgesellschaft, Berlin [6]2011.

M. Hauskeller, Auf der Suche nach dem Guten. Wege und Abwege der Ethik, Zug 1999.

M. Hauskeller (Hg.), Ethik des Lebens. Albert Schweitzer als Philosoph, Zug 2006.

V. Hável, Fernverhör. Ein Gespräch mit K. Hvížd'ala, Reinbek 1987.

G.W.F. Hegel, Phänomenologie des Geistes, Frankfurt a.M. 1986.

A. Heller, Theorie der Gefühle, Hamburg 1980.

A. Hetzel, Die Biodiversitätskrise als Herausforderung für die Umweltethik, in: fiph-Journal 16/2010, 10-11.

A. Honneth, Pathologien des Sozialen. Tradition und Aktualität der Sozialphilosophie, in: ders. (Hg.), Pathologien des Sozialen. Die Aufgaben der Sozialphilosophie, Frankfurt a.M. 1994, 9-69.

M. Horkheimer/T.W. Adorno, Dialektik der Aufklärung. Philosophische Fragmente, Frankfurt a.M. 1986.

U. Horstmann, Das Untier. Konturen einer Philosophie der Menschenflucht, Frankfurt a.M. 1985.

U. Horstmann im Gespräch mit Robert Jungk/Moderation Franz Kreuzer, Reihe »Disputationes«, ORF 30.01.1991.

U. Horstmann, in: Das Philosophische Radio im WDR 5. Thema: Das Untier, vom 17.07.2009.

M. Hunecke, Psychische Ressourcen zur Förderung nachhaltiger Lebensstile, Bonn 2013.

A. Huxley, Schöne neue Welt. Ein Roman über die Zukunft, Frankfurt a.M. [57]2000.

U. Jäger, Der Körper, der Leib und die Soziologie. Entwurf einer Theorie der Inkorporation, Königstein 2004.

K.P. Japp, Wie normal ist Nichtwissen? Replik zu Peter Wehling: »Jenseits des Wissens?«, in: Zeitschrift für Soziologie, Jg. 31, Heft 5, Okt. 2002, 435-439.

H. Joas, Die Kreativität des Handelns, Frankfurt a.M. 1996.

H. Joas, Pragmatismus und Gesellschaftstheorie, Frankfurt a.M. 1992.

H. Joas, Was sind religiöse Überzeugungen? Eine Einführung, in: ders. (Hg.), Was sind religiöse Überzeugungen?, Göttingen 2003, 9-17.

Johannes Paul II, Centesimus Annus«, in: www.vatican.va/holy_father/john_paul_ii/encyclicals/documents/hf_jp-ii_enc_01051991_centesimus-annus_ge.html (abgerufen am 02.05.2014).

H. Jonas, Materie, Geist und Schöpfung. Kosmologischer Befund und kosmogonische Vermutung, Frankfurt a.M. 1988.

M. Jongen, Der Mensch ist sein eigenes Experiment, in: Die Zeit v. 09.08.2001.

J. Kabat-Zinn, Gesund durch Meditation. Das große Buch der Selbstheilung, München 2011.

O. Krüger, Die Vervollkommnung des Menschen. Tod und Unsterblichkeit im Posthumanismus und Transhumanismus, in: EUROZINE. www.eurozine.com/articles/2007-08-16-kruger-de.html (abgerufen am 02.05.2014), 1-14.

M. Kundera, Die unerträgliche Leichtigkeit des Seins, Frankfurt a.M. [44]2013.

R. Kurzweil, Homo s@piens. Leben im 21. Jahrhundert – Was bleibt vom Menschen?, Köln [3]2001.

R.D. Laing, Phänomenologie der Erfahrung, Frankfurt a.M. [11]1981.

C. Leggewie/H. Welzer, Das Ende der Welt, wie wir sie kannten. Klima, Zukunft und die Chancen der Demokratie, Frankfurt a.M. [3]2009.

R. Leinfelder, Anthropozän – die Diskussion: Begriffsherkunft, Weltbild, Herausforderungen, in: www.scilogs.de/der-anthropozaeniker/anthropoz-n-die-diskussion-begriffsherkunft-weltbild-herausforderungen (abgerufen am 02.05.2014).

R. Leinfelder, Integrative Anthropozän-Wissenschaften – Forschung und Bildung für die Transformation zu einer zukunftsfähigen Gesellschaft (11.12.2011), in: www.scilogs.de/der-anthropozaeniker /unsweltforschung (abgerufen am 02.05.2014).

R. Leinfelder, Von der Umweltforschung zur Unsweltforschung, in: Frankfurter Allgemeine Zeitung v. 12.10.2011.

R. Leinfelder, Wir Weltgärtner. Interview mit Reinhold Leinfelder, in: Die Zeit v. 10.01.2013.

B. Liebsch, Gastlichkeit und Freiheit. Polemische Konturen europäischer Kultur, Weilerswist 2005.

B. Liebsch, Vom Anderen her: Erinnern und Überleben, Freiburg/München 1997.

E. Lévinas, Humanismus des anderen Menschen, Hamburg 1989.

L. Lütkehaus, Philosophieren nach Hiroshima. Über Günther Anders, Frankfurt a.M. 1992.

J. Manemann, Das Verschwinden des Körpers. Transhumanistische und posthumanistische Visionen, in: Zeitschrift für Medizinische Ethik, 1/2008, 35-48.

J. Manemann, Klimakatastrophe und Apokalypseblindheit. Ein philosophisch-theologischer Beitrag zur Klima- und Energiedebatte nach Fukushima, in: F. Ekardt (Hg.), Klimagerechtigkeit. Beiträge zur sozialwissenschaftlichen Nachhaltigkeitsforschung. Bd. 2, Marburg 2012, 141-147.

J. Manemann, Rettende Erinnerung an die Zukunft. Essay über die christliche Verschärfung, Mainz 2005.

J. Manemann, Unterwegs zu einer habituellen Unternehmensethik, in: U. Hemel/A Frtizsche/ders., Habituelle Unternehmensethik. Von der Ethik zum Ethos, Baden-Baden, 2012, 11-28.

J. Manemann, Vom Eingang des Nichts in die Zeit. Wider den Zynismus, das Ressentiment und die Resignation, in: B. Seat-Liver (Hg.), Utopie heute I. Zur aktuellen Bedeutung, Funktion und Kritik des utopischen Denkens und Vorstellens, Fribourg 2007, 55-78.

J. Manemann, Wie wir gut zusammen leben. 11 Thesen für eine Rückkehr zur Politik, Ostfildern 2013.

A. Margalit, Politik der Würde. Über Achtung und Verachtung, Berlin 2012.

M. Marzano, in: www.arte.tv/de/philosophie-arbeit/2235124,CmC=2467552.html (abgerufen am 23.09.2013).

D. Meadows, »Für eine globale Mobilmachung ist es zu spät«. Interview mit Dennis Meadows, in: Der SpiegelOnline v. 04.12.2012, www.spiegel.de/wissenschaft/natur/grenzen-des-wachstums-interview-mit-dennis-meadows-a-870238.html (abgerufen am 03.09.2013).

D. Meadows, The Limits to Growth and the Future of Humanity. Presentation at Amerika Haus On behalf of the Carson Center, München, 04.12.2012, in: www.carsoncenter.uni-muenchen.de/download/events/posters/121204_meadows_presentation.pdf (abgerufen am 02.05.2014).

A. Memmi, Rassismus, Hamburg 1992.

J.B. Metz, Compassion. Zu einem Weltprogramm des Christentums im Zeitalter des Pluralismus der Religionen und Kulturen, in: J.B. Metz/L. Kuld/A. Weisbrod (Hg.), Compassion. Weltprogramm des Christentums. Soziale Verantwortung lernen, Freiburg/Basel/Wien 2000, 9-18.

J.B. Metz, Glaube in Geschichte und Gesellschaft. Studien zu einer praktischen Fundamentaltheologie, Mainz [4]1984.

J.B. Metz, Wider die zweite Unmündigkeit. Zum Verhältnis von Aufklärung und Christentum, in: J. Rüsen/E. Lämmert/P. Glotz (Hg.), Die Zukunft der Aufklärung, Frankfurt a.M. 1988, 81-87.

M. Miegel/S. Wahl/M. Schulte, Für einen Bewusstseinswandel. Von der Konsum- zur Wohlstandskultur, Bonn 2011.

H. Moravec, Mind Children. Der Wettlauf zwischen menschlicher und künstlicher Intelligenz, Hamburg 1990.

M. More, Die Extropischen Grundsätze, in: www.transhumanismus.de/Dokumente/ep30.html (abgerufen am 21.11.2002).

M. More, in: Körper wie Kleidungsstücke. Die Transhumanisten wollen ewig leben – und die Welt beherrschen?, in: www.3sat.de/kulturzeit/themen/31199/index.ht (abgerufen am 05.05.2002).

K. Müller, Studien zur frühjüdischen Apokalyptik, Stuttgart 1991.

P. Nickl, Habitus. Bemerkungen zu einem vergessenen Begriff, in: U. Hemel/A. Fritzsche/J. Manemann (Hg.), Habituelle Unternehmensethik. Von der Ethik zum Ethos, Baden-Baden 2012, 51-62.

P. Nickl, Ordnung der Gefühle. Studien zum Begriff des Habitus, Hamburg 2001.

M.C. Nussbaum, Gerechtigkeit oder: Das gute Leben, Frankfurt a.M. [7]1998.

R. Ohashi, Technik als Anti-Natur in der Natur selbst?, in: http://philosophie-indebate.de/1166/indebate-technik-als-anti-natur-in-der-natur-selbst-aus-der-sicht-der-compassion-auch-im-bud dhistischen-sinne/ (abgerufen am 01.05.2014).

G. Paoli, Die Menschen werden dümmer als Maschinen, in: Glück ohne Ende. Kapitalismus und Depression II hg. v. C. Hegemann, Berlin 2000, 122-133.

H. Plessner, Lachen und Weinen. Eine Untersuchung nach den Grenzen menschlichen Verhaltens, Bern/München 1961.

T. Polednitschek, Vom Vorrang des Seins vor dem Sollen. Philosophisch-praktische Reflexionen, in: U. Hemel/A. Fritzsche/J. Manemann (Hg.), Habituelle Unternehmensethik. Von der Ethik zum Ethos, Baden-Baden 2012, 101-113.

W. Post, Technologien des Selbst. Vortrag in der Karl Rahner Akademie Köln vom 24.01.2000, in: www.kath.de/akademie/rahner/Download/Vortraege/inhalt-online/_post-foucault.htm (abgerufen am 02.05.2014).

M. Probst, »Philosophie des Radfahrens«. Die letzte humane Technik, in: Die Zeit v. 18.05.2013.

J. Randers, 2052. Der neue Bericht an den Club of Rome. Eine globale Prognose für die nächsten 40 Jahre, München 2012.

R.A. Rappaport, Nature, Culture, and Ecological Anthropology, in: H.L. Shapiro (Hg.), Man, Culture and Society, Oxford 1971, 237-267.

J. Rifkin, Der embryonale Marktplatz. Was ist ein Mensch: Die Ethik der Genetik, in: Süddeutsche Zeitung v. 14./15/16.04.2001.

P. Rottländer, Ethische Rechtfertigung weltweiter Solidarität. Deskriptive, normative und methodische Aspekte, in: N. Brieskorn (Hg.), Globale Solidarität. Die verschiedenen Kulturen und die Eine Welt, Stuttgart/Berlin/Köln 1997, 117-142.

P. Rottländer, Vom Eigeninteresse zur Moral? Überlegungen zur ethisch-normativen Grundlegung von Entwicklungspolitik, in: A. Habisch/U. Pönir (Hg.), Signale der Solidarität. Wege christlicher Nord-Süd-Ethik, Paderborn 1994, 153-180.

M. Rowland, Animal Rights. All that matters, London 2013.

B.M. Scherer, Das Anthropozän-Projekt, in: Das Anthropozän-Projekt. Eine Eröffnung, 10.01.2013, www.hkw.de/de/programm/2013/anthropozaen/anthropozaen_76723.php (abgerufen am 01.08.2013).

M. Schlette, Die Idee der Selbstverwirklichung. Zur Grammatik des modernen Individualismus, Frankfurt a.M./New York 2013.

G. Scholem, Zur Kabbala und ihrer Symbolik, Frankfurt a.M. 1973.

P. Schönthaler, Nach oben ist das Leben offen. Erzählungen, Berlin 2012.

C. Schrader, Sicher in der City, in: Süddeutsche Zeitung v. 21.06.2013.

R. Schwager, Aufgeklärte Apokalyptik: Religion, Gewalt und Frieden im Zeitalter der Globalisierung, in: W. Palaver/A. Exenberger/K. Stöckl (Hg.), Edition Weltordnung – Religion – Gewalt 1, Innsbruck 2007, 23-38.

A. Schweitzer, Kultur und Ethik, München 1990.

W. Serbser (Hg.), Humanökologie. Ursprünge – Trends – Zukünfte, München 2004.

C. Schwägerl, Menschenzeit. Zerstören oder gestalten? Wie wir heute die Welt von morgen erschaffen, München 2012.

C. Schwägerl, Menschenzeit. Zerstören oder gestalten?, in: www.menschenzeit.de/index.php?/buch.html (abgerufen am 21.06.2013).

H.-J. Schubert u.a. (Hg.), Pragmatismus zur Einführung, Hamburg 2010.

A. Seifert, Resilienzförderung an der Schule. Eine Studie zu Service-Learning mit Schülern aus Risikolagen, Wiesbaden 2011.

P. Sloterdijk, Das Menschentreibhaus. Stichworte zur historischen und prophetischen Anthropologie, Weimar 2001.

P. Sloterdijk, Der operable Mensch. Anmerkungen zur ethischen Situation der Gen-Technologie, www.oocities.org/hoefig_de/MaterialPl/Sloterdijk_Ethik_der_Gentechnologie.htm (abgerufen am 02.05.2014).

P. Sloterdijk, in: Glück ohne Ende. Kapitalismus und Depression II hg. v. C. Hegemann, Berlin 2000.

P. Sloterdijk/H.-J. Heinrichs, Die Sonne und der Tod. Dialogische Untersuchungen, Frankfurt a.M. 2001.

P. Sloterdijk, Eurotaoismus. Zur Kritik der politischen Kinetik, Frankfurt a.M. 1989.

A. Steffens, Philosophie des 20. Jahrhunderts oder die Wiederkehr des Menschen, Leipzig 1999.

T. Strässle, Gelassenheit. Über eine andere Haltung zur Welt, München 2013.

C. Taylor, Was ist menschliches Handeln, in: e-Journal Philosophie der Psychologie, Januar 2006, 1-25.

P. Wehling, Im Schatten des Wissens? Perspektiven der Soziologie des Nichtwissens, Konstanz 2006.

P. Wehling, Jenseits des Wissens? Wissenschaftliches Nichtwissen aus soziologischer Perspektive, in: Zeitschrift für Soziologie 6/2001, 465-484.

P. Wehling, Reflexive Wissenspolitik: Öffnung und Erweiterung eines neuen Politikfeldes, in: Technikfolgenabschätzung – Theorie und Praxis 3/2004, 63-71.

P. Wehling, Soziale Praktiken des Nichtwissens, in: Aus Politik und Zeitgeschichte, Br. 18-20 (2013), www.das-parlament.de/2013/18-20/Beilage/007.html (abgerufen am 30.08.2013).

P. Weibel, Der anagrammatische Umbau des Körpers. Lasset und Menschen machen. Die Konstruktion des Humanen. Gespräche über das neue Menschenbild, in: Glück ohne Ende. Kapitalismus und Depression II, Berlin 2000, 10-14.

H. Welzer, Futur Zwei. Die Wiedergewinnung der Zukunft, in: ders./S. Rammler (Hg.), Der Futur Zwei Zukunftsalmanach 2013. Geschichten vom guten Umgang mit der Welt. Schwerpunkt Mobilität, Frankfurt a.M. 2012, 13-44.

H. Welzer, in: Harald Welzer über Zukunft, in: Süddeutsche Zeitung v. 2./3.03.2013

H. Welzer, Klimakriege. Wofür im 21. Jahrhundert getötet wird, Frankfurt a.M. 2008.

B. Wiens, Das Anthropozän: Suche nach der versinkenden Zeit. Eine Veranstaltungsreihe gibt Mikro-Antworten auf die Makro-Frage nach dem gegenwärtigen Zeitalter, in: Telepolis 10.02.2013 (www.heise.de/tp/druck/mb/artikel/38/38436/1.html (abgerufen am 10.07.2014).

E. *Wiesel*, Die Antwort ist in unseren Händen, in: O. Schwencke (Hg.), Erinnerung als Gegenwart. Elie Wiesel in Loccum, Freiburg 1987, 189-199.

R. *Wiggershaus*, Die Frankfurter Schule. Geschichte – Theoretische Entwicklung – Politische Bedeutung, München 1988.

Wissenschaftlicher Beirat der Bundesregierung Globale Umweltveränderungen, Welt im Wandel. Gesellschaftsvertrag für eine Große Transformation, Berlin 2011.

C. *Wustmann*, Die Blickrichtung der neueren Resilienzforschung. Wie Kinder Lebensbelastungen bewältigen, in: Zeitschrift für Pädagogik 51 (2005) 2, 192-206.

X-Texte bei transcript

Les Convivialistes

Das konvivialistische Manifest

Für eine neue Kunst des Zusammenlebens

(hg. von Claus Leggewie und Frank Adloff in Zusammenarbeit mit dem Käte Hamburger Kolleg/Centre for Global Cooperation Research Duisburg)

September 2014, ca. 80 Seiten,
kart., ca. 7,99 €,
ISBN 978-3-8376-2898-2

■ Eine andere Welt ist nicht nur möglich, sie ist auch absolut notwendig. Die globalen Probleme des Klimawandels, der Armut, der sozialen Ungleichheit oder der Finanzkrise erfordern ein Umdenken und veränderte Formen des Zusammenlebens. Viele Bewegungen, Initiativen und Gruppierungen suchen aktuell schon nach alternativen Wegen. Ihnen allen gemeinsam ist das Streben nach einer neuen Kunst, miteinander zu leben (con-vivere). Konvivialismus bedeutet das Ausloten von Möglichkeiten, wie jenseits der Wachstumsgesellschaft ein Zusammenleben möglich sein kann, wie Sozialität, Konflikt und Individualität aufeinander bezogen werden und wie ökologisch und sozial nachhaltige Formen demokratischen Lebens ausschauen können. Eine neue politische Philosophie erscheint daher dringend geboten, und das weltweit diskutierte Manifest renommierter Autoren stellt als Minimalforderung klar: Eine solche neue Philosophie und Kunst des Zusammenlebens muss den Primat des Ökonomischen brechen und sich zugleich auf die Werte einer gemeinsamen Menschheit und der Individualität berufen.

www.transcript-verlag.de

Human-Animal Studies bei transcript

Arianna Ferrari,
Klaus Petrus (Hg.)

Lexikon der Mensch/Tier-Beziehungen

Februar 2015, ca. 400 Seiten,
kart., ca. 29,80 €,
ISBN 978-3-8376-2232-4

■ Unsere Beziehung zu den »anderen« Tieren gewinnt nicht bloß mehr und mehr an gesellschaftlicher Bedeutung, sie ist auch für die Wissenschaften wieder zum Thema geworden.
Mit diesem Band widmet sich zum ersten Mal ein Lexikon umfassend der Mensch/Tier-Beziehung. Im Gegensatz zu traditionellen Einführungen in die Tierethik beschränkt sich das groß angelegte Werk aber nicht auf moralphilosophische Themen, sondern beleuchtet die Mensch/Tier-Beziehung auch aus historischer, soziologischer, ethologischer und kulturwissenschaftlicher Perspektive.

www.transcript-verlag.de

Sozialtheorie bei transcript

Stephan Lorenz

Mehr oder weniger?

Zur Soziologie ökologischer Wachstumskritik und nachhaltiger Entwicklung

Juni 2014, 144 Seiten, kart.,
19,99 €,
ISBN 978-3-8376-2776-3

■ »Mehr oder weniger?« Ökologische Wachstumskritik richtet sich gegen zerstörerische Dynamiken moderner Industrie- und Überflussgesellschaften, die ein gutes Leben gefährden. Auch Konzepte nachhaltiger Entwicklung halten oft allzu optimistisch an modernen Mehr-Versprechen fest. Jedoch bietet auch die bloße Hinwendung zum Weniger keine besseren Antworten. Vielmehr bedarf nachhaltige Entwicklung der kontinuierlichen Suche nach abgestimmten Mitteln und Zwecken. Stephan Lorenz zeigt, dass Chancen dafür in der Demokratisierung der Suchprozesse liegen. Den Sozialwissenschaften kommt dabei die Aufgabe zu, zur Verbesserung entsprechender Aushandlungsverfahren beizutragen. Es geht um die Frage: Wer und was muss wie berücksichtigt werden?

www.transcript-verlag.de